Изучение базового хангыля для
русскоязычн людей

러시아어를 사용하는 국민을 위한

기초 **한글배우기**

① 기초편

№1 Основы

권용선 저

러시아어로 한글배우기

Изучение хангыля
на русском языке

■ 세종대왕(조선 제4대 왕)
Король Седжон Великий
(4-й король Чосона)

대한민국 대표한글
K-한글
www.k-hangul.kr

■ 세종대왕 탄신 627돌(2024.5.15) 숭모제전
- 분향(焚香) 및 헌작(獻爵), 독축(讀祝), 사배(四拜), 헌화(獻花), 망료례(望燎禮), 예필(禮畢), 인사말씀(국무총리)

■ 무용 : 봉래의(鳳來儀) | 국립국악원 무용단
- '용비어천가'의 가사를 무용수들이 직접 노래하고 춤을 춤으로써 비로소 시(詩), 가(歌), 무(舞)가 합일하는 악(樂)을 완성하는 장면

■ 영릉(세종·소헌왕후)
조선 제4대 세종대왕과 소헌왕후 심씨를 모신 합장릉이다.
세종대왕은 한글을 창제하고 혼천의를 비롯한 여러 과학기기를 발명하는 등 재위기간 중 뛰어난 업적을 이룩하였다.

■ 소재지(Location): 대한민국 경기도 여주시 세종대왕면 영릉로 269-10

■ 대표 업적
- 한글 창제: 1443년(세종 25년)~1446년 9월 반포
- 학문 창달
- 과학의 진흥
- 외치와 국방
- 음악의 정리
- 속육전 등의 법전 편찬 및 정리
- 각종 화학 무기 개발

※Объект Всемирного наследия ЮНЕСКО※
■ Ённынг (Седжон и королева Сохон)
Это совместная гробница короля Седжона, 4-го короля династии Чосон, и королевы Сохон из клана Сим.
За время своего правления король Седжон Великий добился выдающихся достижений, создал хангыль и изобрел различные научные устройства, в том числе армиллярную сферу.

■ Местоположение: Республика Корея, провинция Кёнги-до, г. Ёджу, Седжонгдевангмён Ённынг-ро 269-10

■ Основные достижения
- Создание алфавита хангыль: 1443 год (25-й год правления короля Седжона) - обнародовано в сентябре 1446 года
- Развитие образования
- Продвижение науки
- Международные отношение и национальная оборона
- Развитие музыки
- Создание и организация юридических кодексов, таких как Сокюкджон
- Разработка различного химического оружия

머리말 Предисловие

Let's learn Hangul!

Хангыль состоит из 14 согласных, 10 гласных и букв, состоящих из комбинаций двойн ых согласных и двойных гласных, образующих звуки. Комбинатор хангыль состоит пр имерно из 11,170 символов, из которых в основном используются примерно 30%. Содержание данного учебника основано на часто используемых в повседневной жиз ни словах, и было разработано с упором на следующее:

■ Базовый учебный материал, который основан на согласных и гласных хангыля.
■ Порядок написания букв для закрепления основ правильного использования хангыля.
■ Создание достаточного места для «письма» с целью естественного освоения хангы ля посредством многократного написания.
■ Материалы для совместного с учебниками обучения предоставляются на сайте (www.K-hangul.kr).
■ Содержание организовано на основе букв и слов, часто используемых в повседнев ной жизни.
■ Содержание, которое не является часто используемым, было сокращено и включен о только необходимое.

Изучение языка — это изучение культуры, дающее возможность расширить свое мыш ление.
Данный учебник представляет собой базовый учебник по изучению корейского язык а. Если вы тщательно изучите содержание учебника, сможете получить широкое пон имание не только языка, но также корейской культуры и духа. Спасибо!

k-hangul Publisher: Kwon, Yong-sun

한글은 자음 14자, 모음 10자 그 외에 겹자음과 겹모음의 조합으로 글자가 이루어지며 소리를 갖게 됩니다. 한글 조합자는 약 11,170자로 이루어져 있는데, 그중 30% 정도가 주로 사용되고 있습니다. 이 책은 실생활에서 자주 사용하는 우리말을 토대로 내용을 구성하였고, 다음 사항을 중심으로 개발 되었습니다.

■ 한글의 자음과 모음을 기초로 배우는 기본학습내용으로 이루어져 있습니다.
■ 한글의 필순을 제시하여 올바른 한글 사용의 기초를 튼튼히 다지도록 했습니다.
■ 반복적인 쓰기 학습을 통해 자연스레 한글을 습득할 수 있도록 '쓰기'에 많은 지면을 할애하였습니다.
■ 홈페이지(www.k-hangul.kr)에 교재와 병행 학습할 수 있는 자료를 제공하고 있습니다.
■ 한국의 일상생활에서 자주 사용되는 글자나 낱말을 중심으로 내용을 구성하였습니다.
■ 사용빈도가 높지 않은 한글에 대한 내용은 줄이고 꼭 필요한 내용만 수록하였습니다.

언어를 배우는 것은 문화를 배우는 것이며, 사고의 폭을 넓히는 계기가 됩니다. 이 책은 한글 학습에 기본이 되는 교재이므로 내용을 꼼꼼하게 터득하면 한글은 물론 한국의 문화와 정신까지 폭넓게 이해 하게 될 것입니다.

※참고 : 본 교재는 ❶기초편으로, ❷문장편 ❸대화편 ❹생활 편으로 구성되어 출간 판매 중에 있습니다.
   Примечание: Данный учебник продается в следующей комплектации: ❶Основы, ❷Предло жения, ❸Разговорная речь, ❹Повседневная жизнь

※판매처 : 교보문고, 알라딘, yes24, 네이버, 쿠팡 등
   Продавец: Книжный магазин Kyobo, Aladdin, Yes24, Naver, Coupang и т.д.

저자 권용선

차례 Содержание

제1장

자음

Глава 1.
Согласные

01 자음 [Согласные]

월   일

자음 읽기 [Чтение согласных]

ㄱ	ㄴ	ㄷ	ㄹ	ㅁ
기역(Giyeok)	니은(Nieun)	디귿(Digeut)	리을(Rieul)	미음(Mieum)
ㅂ	ㅅ	ㅇ	ㅈ	ㅊ
비읍(Bieup)	시옷(Siot)	이응(Ieung)	지읒(Jieut)	치읓(Chieut)
ㅋ	ㅌ	ㅍ	ㅎ	
키읔(Kieuk)	티읕(Tieut)	피읖(Pieup)	히읗(Hieut)	

자음 쓰기 [Написание согласных]

ㄱ	ㄴ	ㄷ	ㄹ	ㅁ
기역(Giyeok)	니은(Nieun)	디귿(Digeut)	리을(Rieul)	미음(Mieum)
ㅂ	ㅅ	ㅇ	ㅈ	ㅊ
비읍(Bieup)	시옷(Siot)	이응(Ieung)	지읒(Jieut)	치읓(Chieut)
ㅋ	ㅌ	ㅍ	ㅎ	
키읔(Kieuk)	티읕(Tieut)	피읖(Pieup)	히읗(Hieut)	

02 자음 [Согласные]

월   일

🎵 자음 익히기 [Изучение согласных]

다음 자음을 쓰는 순서에 맞게 따라 쓰세요.
(Напишите следующие согласные в правильном порядке.)

자음 Согласная	이름 Название	쓰는 순서 Порядок написания	영어 표기 Английское обозначение	쓰기 Написание						
ㄱ	기역		Giyeok	ㄱ						
ㄴ	니은		Nieun	ㄴ						
ㄷ	디귿		Digeut	ㄷ						
ㄹ	리을		Rieul	ㄹ						
ㅁ	미음		Mieum	ㅁ						
ㅂ	비읍		Bieup	ㅂ						
ㅅ	시옷		Siot	ㅅ						
ㅇ	이응		Ieung	ㅇ						
ㅈ	지읒		Jieut	ㅈ						
ㅊ	치읓		Chieut	ㅊ						
ㅋ	키읔		Kieuk	ㅋ						
ㅌ	티읕		Tieut	ㅌ						
ㅍ	피읖		Pieup	ㅍ						
ㅎ	히읗		Hieut	ㅎ						

한글 자음과 모음표 [Таблица согласных и гласных]

월   일

※ 참고 : 음절표(18p~37P)에서 학습할 내용

mp3 자음 모음	ㅏ (아)	ㅑ (야)	ㅓ (어)	ㅕ (여)	ㅗ (오)	ㅛ (요)	ㅜ (우)	ㅠ (유)	ㅡ (으)	ㅣ (이)
ㄱ (기역)	가	갸	거	겨	고	교	구	규	그	기
ㄴ (니은)	나	냐	너	녀	노	뇨	누	뉴	느	니
ㄷ (디귿)	다	댜	더	뎌	도	됴	두	듀	드	디
ㄹ (리을)	라	랴	러	려	로	료	루	류	르	리
ㅁ (미음)	마	먀	머	며	모	묘	무	뮤	므	미
ㅂ (비읍)	바	뱌	버	벼	보	뵤	부	뷰	브	비
ㅅ (시옷)	사	샤	서	셔	소	쇼	수	슈	스	시
ㅇ (이응)	아	야	어	여	오	요	우	유	으	이
ㅈ (지읒)	자	쟈	저	져	조	죠	주	쥬	즈	지
ㅊ (치읓)	차	챠	처	쳐	초	쵸	추	츄	츠	치
ㅋ (키읔)	카	캬	커	켜	코	쿄	쿠	큐	크	키
ㅌ (티읕)	타	탸	터	텨	토	툐	투	튜	트	티
ㅍ (피읖)	파	퍄	퍼	펴	포	표	푸	퓨	프	피
ㅎ (히읗)	하	햐	허	혀	호	효	후	휴	흐	히

제2장

모음

Глава 2.
Гласные

01 모음 [Гласные]

월   일

모음 읽기 [Чтение гласных]

ㅏ	ㅑ	ㅓ	ㅕ	ㅗ
아(A)	야(Ya)	어(Eo)	여(Yeo)	오(O)
ㅛ	ㅜ	ㅠ	ㅡ	ㅣ
요(Yo)	우(U)	유(Yu)	으(Eu)	이(I)

모음 쓰기 [Написание гласных]

ㅏ	ㅑ	ㅓ	ㅕ	ㅗ
아(A)	야(Ya)	어(Eo)	여(Yeo)	오(O)
ㅛ	ㅜ	ㅠ	ㅡ	ㅣ
요(Yo)	우(U)	유(Yu)	으(Eu)	이(I)

02 모음 [Гласные]

월 일

모음 익히기 [Изучение гласных]

다음 모음을 쓰는 순서에 맞게 따라 쓰세요.

(Напишите следующие гласные в правильном порядке.)

모음 Гласная	이름 Название	쓰는 순서 Порядок написания	영어 표기 Английское обозначение	쓰기 Написание				
ㅏ	아	ㅏ	A	ㅏ				
ㅑ	야	ㅑ	Ya	ㅑ				
ㅓ	어	ㅓ	Eo	ㅓ				
ㅕ	여	ㅕ	Yeo	ㅕ				
ㅗ	오	ㅗ	O	ㅗ				
ㅛ	요	ㅛ	Yo	ㅛ				
ㅜ	우	ㅜ	U	ㅜ				
ㅠ	유	ㅠ	Yu	ㅠ				
ㅡ	으	ㅡ	Eu	ㅡ				
ㅣ	이	ㅣ	I	ㅣ				

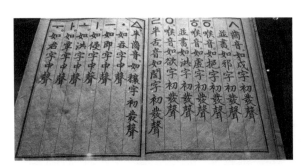 

- 훈민정음(訓民正音) : 새로 창제된 훈민정음을 1446년(세종 28) 정인지 등 집현전 학사들이 저술한 한문해설서이다. 해례가 붙어 있어서〈훈민정음 해례본 訓民正音 解例本〉이라고도 하며 예의(例義), 해례(解例), 정인지 서문으로 구성되어 있다. 특히 서문에는 **훈민정음을 만든 이유**, 편찬자, 편년월일, 우수성을 기록하고 있다. 1997년 유네스코 세계기록유산으로 등록되었다.

■ 훈민정음(訓民正音)을 만든 이유

- 훈민정음은 백성을 가르치는 바른 소리 -

훈민정음 서문에 나오는 '나랏말씀이 중국과 달라 한자와 서로 통하지 않는다.' 는 말은 풍속과 기질이 달라 성음(聲音)이 서로 같지 않게 된다는 것이다.
"이런 이유로 어리석은 백성이 말하고 싶은 것이 있어도 마침내 제 뜻을 표현하지 못하는 사람이 많다. 이를 불쌍히 여겨 새로 28자를 만들었으니 사람마다 쉽게 익혀 씀에 편하게 할 뿐이다."
지혜로운 사람은 아침나절이 되기 전에 이해하고 어리석은 사람도 열흘이면 배울 수 있는 훈민정음은 바람소리, 학의 울음이나 닭 울음소리, 개 짖는 소리까지 모두 표현해 쓸 수 있어 지구상의 모든 문자 가운데 가장 창의적이고 과학적이라는 찬사를 받는 문자이다.

-세종 28년-

■ 세종대왕 약력

- 조선 제4대 왕
- 이름: 이도
- 출생지: 서울(한양)
- 생년월일: 1397년 5월 15일~1450년 2월 17일
- 재위 기간: 1418년 8월~1450년 2월(31년 6개월)

■ Причина создания Хунминджонгым

- Хунминджонгым - обучение народа правильным звукам -

В предисловие Хунминджонгым сказано: «Слова нашего языка отличаются от китайского и не соответствуют друг другу в написании», что означает, что из-за различий в обычаях и характерах звуки также отличаются друг от друга.
«По этой причине многие неграмотные люди не могут выразить свои мысли, хотя им есть что сказать. Мне их жаль, и по этой причине я создал 28 новых букв, чтобы каждый мог легко их выучить и свободно их использовать.»
Хунминджонгым, который мудрый человек сможет понять до рассвета, а даже неграмотный сможет выучить за 10 дней, можно использовать для выражения чего-угодно: от шума ветра, криков журавлей, криков кур до звука лая собак, что делает его самым творческим и научным алфавитом из всех существующих алфавитов мира.

- Седжон, 28 лет -

■ Биография короля Седжона Великого

- 4-й король Чосона
- Имя: Идо
- Место рождения: Сеул (Ханьянг)
- Дата рождения: 15 мая 1397 г. ~ 17 февраля 1450 г.
- Период правления: август 1418 г. ~ февраль 1450 г. (31 год и 6 месяцев)

제3장

겹자음과
겹모음

Глава 3.
Двойные согласные и
двойные гласные

01 겹자음 [Двойные согласные]

월 일

겹자음 읽기 [Чтение двойных согласных]

ㄲ	ㄸ	ㅃ	ㅆ	ㅉ
쌍기역 (Ssanggiyeok)	쌍디귿 (Ssangdigeut)	쌍비읍 (Ssangbieup)	쌍시옷 (Ssangsiot)	쌍지읒 (Ssangjieut)

겹자음 쓰기 [Написание двойных согласных]

ㄲ	ㄸ	ㅃ	ㅆ	ㅉ
쌍기역 (Ssanggiyeok)	쌍디귿 (Ssangdigeut)	쌍비읍 (Ssangbieup)	쌍시옷 (Ssangsiot)	쌍지읒 (Ssangjieut)

겹자음 익히기 [Изучение двойных согласных]

다음 겹자음을 쓰는 순서에 맞게 따라 쓰세요.

(Напишите следующие двойная согласная в правильном порядке.)

겹자음 Двойная согласная	이름 Название	쓰는 순서 Порядок написания	영어 표기 Английское обозначение	쓰기 Написание				
ㄲ	쌍기역	ㄲ	Ssanggiyeok	ㄲ				
ㄸ	쌍디귿	ㄸ	Ssangdigeut	ㄸ				
ㅃ	쌍비읍	ㅃ	Ssangbieup	ㅃ				
ㅆ	쌍시옷	ㅆ	Ssangsiot	ㅆ				
ㅉ	쌍지읒	ㅉ	Ssangjieut	ㅉ				

 **O2** 겹모음 [Двойные гласные]

월   일

겹모음 읽기 [Чтение двойных гласных]

ㅐ	ㅔ	ㅒ	ㅖ	ㅘ
애(Ae)	에(E)	얘(Yae)	예(Ye)	와(Wa)
ㅙ	ㅚ	ㅝ	ㅞ	ㅟ
왜(Wae)	외(Oe)	워(Wo)	웨(We)	위(Wi)
ㅢ				
의(Ui)				

겹모음 쓰기 [Написание двойных гласных]

ㅐ	ㅔ	ㅒ	ㅖ	ㅘ
애(Ae)	에(E)	얘(Yae)	예(Ye)	와(Wa)
ㅙ	ㅚ	ㅝ	ㅞ	ㅟ
왜(Wae)	외(Oe)	워(Wo)	웨(We)	위(Wi)
ㅢ				
의(Ui)				

02 겹모음 [Двойные гласные]

월   일

겹모음 익히기 [Изучение двойных гласных]

다음 겹모음을 쓰는 순서에 맞게 따라 쓰세요.

(Напишите следующие двойные гласные в правильном порядке.)

겹모음 Двойная гласная	이름 Название	쓰는 순서 Порядок написания	영어 표기 Английское обозначение	쓰기 Написание
ㅐ	애		Ae	ㅐ
ㅔ	에		E	ㅔ
ㅒ	얘		Yae	ㅒ
ㅖ	예		Ye	ㅖ
ㅘ	와		Wa	ㅘ
ㅙ	왜		Wae	ㅙ
ㅚ	외		Oe	ㅚ
ㅝ	워		Wo	ㅝ
ㅞ	웨		We	ㅞ
ㅟ	위		Wi	ㅟ
ㅢ	의		Ui	ㅢ

제4장

음절표

Глава 4.
Таблица слогов

01 자음+모음(ㅏ) [Согласная + гласная (ㅏ)]

월　일

자음+모음(ㅏ) 읽기 [Чтение согласной + гласной (ㅏ)]

가	나	다	라	마
Ga	Na	Da	Ra	Ma
바	사	아	자	차
Ba	Sa	A	Ja	Cha
카	타	파	하	
Ka	Ta	Pa	Ha	

자음+모음(ㅏ) 쓰기 [Написание согласной + гласной (ㅏ)]

가	나	다	라	마
Ga	Na	Da	Ra	Ma
바	사	아	자	차
Ba	Sa	A	Ja	Cha
카	타	파	하	
Ka	Ta	Pa	Ha	

자음+모음(ㅏ) [Согласная + гласная (ㅏ)]

01

월 일

자음+모음(ㅏ) 익히기 [Изучение согласной + гласной (ㅏ)]

다음 자음+모음(ㅏ)을 쓰는 순서에 맞게 따라 쓰세요.

(Напишите следующие согласную + гласную (ㅏ) в правильном порядке.)

자음+모음(ㅏ)	이름	쓰는 순서	영어 표기	쓰기			
ㄱ+ㅏ	가	가	Ga	가			
ㄴ+ㅏ	나	나	Na	나			
ㄷ+ㅏ	다	다	Da	다			
ㄹ+ㅏ	라	라	Ra	라			
ㅁ+ㅏ	마	마	Ma	마			
ㅂ+ㅏ	바	바	Ba	바			
ㅅ+ㅏ	사	사	Sa	사			
ㅇ+ㅏ	아	아	A	아			
ㅈ+ㅏ	자	자	Ja	자			
ㅊ+ㅏ	차	차	Cha	차			
ㅋ+ㅏ	카	카	Ka	카			
ㅌ+ㅏ	타	타	Ta	타			
ㅍ+ㅏ	파	파	Pa	파			
ㅎ+ㅏ	하	하	Ha	하			

O2 자음+모음(ㅓ) [Согласная + гласная (ㅓ)]

월 일

자음+모음(ㅓ) 읽기 [Чтение согласной + гласной (ㅓ)]

거	너	더	러	머
Geo	Neo	Deo	Reo	Meo
버	서	어	저	처
Beo	Seo	Eo	Jeo	Cheo
커	터	퍼	허	
Keo	Teo	Peo	Heo	

자음+모음(ㅓ) 쓰기 [Написание согласной + гласной (ㅓ)]

거	너	더	러	머
Geo	Neo	Deo	Reo	Meo
버	서	어	저	처
Beo	Seo	Eo	Jeo	Cheo
커	터	퍼	허	
Keo	Teo	Peo	Heo	

02 자음+모음(ㅓ) [Согласная + гласная (ㅓ)]

월   일

자음+모음(ㅓ) 익히기 [Изучение согласной + гласной (ㅓ)]

다음 자음+모음(ㅓ)을 쓰는 순서에 맞게 따라 쓰세요.

(Напишите следующие согласную + гласную (ㅓ) в правильном порядке.)

자음+모음(ㅓ)	이름	쓰는 순서	영어 표기	쓰기				
ㄱ+ㅓ	거	거	Geo	거				
ㄴ+ㅓ	너	너	Neo	너				
ㄷ+ㅓ	더	더	Deo	더				
ㄹ+ㅓ	러	러	Reo	러				
ㅁ+ㅓ	머	머	Meo	머				
ㅂ+ㅓ	버	버	Beo	버				
ㅅ+ㅓ	서	서	Seo	서				
ㅇ+ㅓ	어	어	Eo	어				
ㅈ+ㅓ	저	저	Jeo	저				
ㅊ+ㅓ	처	처	Cheo	처				
ㅋ+ㅓ	커	커	Keo	커				
ㅌ+ㅓ	터	터	Teo	터				
ㅍ+ㅓ	퍼	퍼	Peo	퍼				
ㅎ+ㅓ	허	허	Heo	허				

03 자음+모음(ㅗ) [Согласная + гласная (ㅗ)]

월 일

자음+모음(ㅗ) 읽기 [Чтение согласной + гласной (ㅗ)]

고	노	도	로	모
Go	No	Do	Ro	Mo
보	소	오	조	초
Bo	So	O	Jo	Cho
코	토	포	호	
Ko	To	Po	Ho	

자음+모음(ㅗ) 쓰기 [Написание согласной + гласной (ㅗ)]

고	노	도	로	모
Go	No	Do	Ro	Mo
보	소	오	조	초
Bo	So	O	Jo	Cho
코	토	포	호	
Ko	To	Po	Ho	

03 자음+모음(ㅗ) [Согласная + гласная (ㅗ)]

월   일

자음+모음(ㅗ) 익히기 [Изучение согласной + гласной (ㅗ)]

다음 자음+모음(ㅗ)을 쓰는 순서에 맞게 따라 쓰세요.

(Напишите следующие согласную + гласную (ㅗ) в правильном порядке.)

자음+모음(ㅗ)	이름	쓰는 순서	영어 표기	쓰기				
ㄱ+ㅗ	고	고	Go	고				
ㄴ+ㅗ	노	노	No	노				
ㄷ+ㅗ	도	도	Do	도				
ㄹ+ㅗ	로	로	Ro	로				
ㅁ+ㅗ	모	모	Mo	모				
ㅂ+ㅗ	보	보	Bo	보				
ㅅ+ㅗ	소	소	So	소				
ㅇ+ㅗ	오	오	O	오				
ㅈ+ㅗ	조	조	Jo	조				
ㅊ+ㅗ	초	초	Cho	초				
ㅋ+ㅗ	코	코	Ko	코				
ㅌ+ㅗ	토	토	To	토				
ㅍ+ㅗ	포	포	Po	포				
ㅎ+ㅗ	호	호	Ho	호				

04 자음+모음(ㅜ) [Согласная + гласная (ㅜ)]

월 일

자음+모음(ㅜ) 읽기 [Чтение согласной + гласной (ㅜ)]

구	누	두	루	무
Gu	Nu	Du	Ru	Mu
부	수	우	주	추
Bu	Su	U	Ju	Chu
쿠	투	푸	후	
Ku	Tu	Pu	Hu	

자음+모음(ㅜ) 쓰기 [Написание согласной + гласной (ㅜ)]

구	누	두	루	무
Gu	Nu	Du	Ru	Mu
부	수	우	주	추
Bu	Su	U	Ju	Chu
쿠	투	푸	후	
Ku	Tu	Pu	Hu	

자음+모음(ㅜ) [Согласная + гласная (ㅜ)]

월 일

자음+모음(ㅜ) 익히기 [Изучение согласной + гласной (ㅜ)]

다음 자음+모음(ㅜ)을 쓰는 순서에 맞게 따라 쓰세요.

(Напишите следующие согласную + гласную (ㅜ) в правильном порядке.)

자음+모음(ㅜ)	이름	쓰는 순서	영어 표기	쓰기			
ㄱ+ㅜ	구	구	Gu	구			
ㄴ+ㅜ	누	누	Nu	누			
ㄷ+ㅜ	두	두	Du	두			
ㄹ+ㅜ	루	루	Ru	루			
ㅁ+ㅜ	무	무	Mu	무			
ㅂ+ㅜ	부	부	Bu	부			
ㅅ+ㅜ	수	수	Su	수			
ㅇ+ㅜ	우	우	U	우			
ㅈ+ㅜ	주	주	Ju	주			
ㅊ+ㅜ	추	추	Chu	추			
ㅋ+ㅜ	쿠	쿠	Ku	쿠			
ㅌ+ㅜ	투	투	Tu	투			
ㅍ+ㅜ	푸	푸	Pu	푸			
ㅎ+ㅜ	후	후	Hu	후			

05 자음+모음(ㅡ) [Согласная + гласная (ㅡ)]

월   일

자음+모음(ㅡ) 읽기 [Чтение согласной + гласной (ㅡ)]

ㄱ	ㄴ	ㄷ	ㄹ	ㅁ
Geu	Neu	Deu	Reu	Meu
ㅂ	ㅅ	ㅇ	ㅈ	ㅊ
Beu	Seu	Eu	Jeu	Cheu
ㅋ	ㅌ	ㅍ	ㅎ	
Keu	Teu	Peu	Heu	

자음+모음(ㅡ) 쓰기 [Написание согласной + гласной (ㅡ)]

ㄱ	ㄴ	ㄷ	ㄹ	ㅁ
Geu	Neu	Deu	Reu	Meu
ㅂ	ㅅ	ㅇ	ㅈ	ㅊ
Beu	Seu	Eu	Jeu	Cheu
ㅋ	ㅌ	ㅍ	ㅎ	
Keu	Teu	Peu	Heu	

자음+모음(ㅡ) [Согласная + гласная (ㅡ)]

월   일

자음+모음(ㅡ) 익히기 [Изучение согласной + гласной (ㅡ)]

다음 자음+모음(ㅡ)을 쓰는 순서에 맞게 따라 쓰세요.

(Напишите следующие согласную + гласную (ㅡ) в правильном порядке.)

자음+모음(ㅡ)	이름	쓰는 순서	영어 표기	쓰기			
ㄱ+ㅡ	그	그	Geu	그			
ㄴ+ㅡ	느	느	Neu	느			
ㄷ+ㅡ	드	드	Deu	드			
ㄹ+ㅡ	르	르	Reu	르			
ㅁ+ㅡ	므	므	Meu	므			
ㅂ+ㅡ	브	브	Beu	브			
ㅅ+ㅡ	스	스	Seu	스			
ㅇ+ㅡ	으	으	Eu	으			
ㅈ+ㅡ	즈	즈	Jeu	즈			
ㅊ+ㅡ	츠	츠	Cheu	츠			
ㅋ+ㅡ	크	크	Keu	크			
ㅌ+ㅡ	트	트	Teu	트			
ㅍ+ㅡ	프	프	Peu	프			
ㅎ+ㅡ	흐	흐	Heu	흐			

자음+모음(ㅑ) [Согласная + гласная (ㅑ)]

월   일

자음+모음(ㅑ) 읽기 [Чтение согласной + гласной (ㅑ)]

갸	냐	댜	랴	먀
Gya	Nya	Dya	Rya	Mya
뱌	샤	야	쟈	챠
Bya	Sya	Ya	Jya	Chya
캬	탸	퍄	햐	
Kya	Tya	Pya	Hya	

자음+모음(ㅑ) 쓰기 [Написание согласной + гласной (ㅑ)]

갸	냐	댜	랴	먀
Gya	Nya	Dya	Rya	Mya
뱌	샤	야	쟈	챠
Bya	Sya	Ya	Jya	Chya
캬	탸	퍄	햐	
Kya	Tya	Pya	Hya	

06 자음+모음(ㅑ) [Согласная + гласная (ㅑ)]

월   일

자음+모음(ㅑ) 익히기 [Изучение согласной + гласной (ㅑ)]

다음 자음+모음(ㅑ)을 쓰는 순서에 맞게 따라 쓰세요.

(Напишите следующие согласную + гласную (ㅑ) в правильном порядке.)

자음+모음(ㅑ)	이름	쓰는 순서	영어 표기	쓰기				
ㄱ+ㅑ	갸	갸	Gya	갸				
ㄴ+ㅑ	냐	냐	Nya	냐				
ㄷ+ㅑ	댜	댜	Dya	댜				
ㄹ+ㅑ	랴	랴	Rya	랴				
ㅁ+ㅑ	먀	먀	Mya	먀				
ㅂ+ㅑ	뱌	뱌	Bya	뱌				
ㅅ+ㅑ	샤	샤	Sya	샤				
ㅇ+ㅑ	야	야	Ya	야				
ㅈ+ㅑ	쟈	쟈	Jya	쟈				
ㅊ+ㅑ	챠	챠	Chya	챠				
ㅋ+ㅑ	캬	캬	Kya	캬				
ㅌ+ㅑ	탸	탸	Tya	탸				
ㅍ+ㅑ	퍄	퍄	Pya	퍄				
ㅎ+ㅑ	햐	햐	Hya	햐				

07 자음＋모음(ㅕ) [Согласная + гласная (ㅕ)]

월   일

자음＋모음(ㅕ) 읽기 [Чтение согласной + гласной (ㅕ)]

겨	녀	뎌	려	며
Gyeo	Nyeo	Dyeo	Ryeo	Myeo
벼	셔	여	져	쳐
Byeo	Syeo	Yeo	Jyeo	Chyeo
켜	텨	펴	혀	
Kya	Tyeo	Pyeo	Hyeo	

자음＋모음(ㅕ) 쓰기 [Написание согласной + гласной (ㅕ)]

겨	녀	뎌	려	며
Gyeo	Nyeo	Dyeo	Rya	Myeo
벼	셔	여	져	쳐
Byeo	Syeo	Yeo	Jyeo	Chyeo
켜	텨	펴	혀	
Kyeo	Tyeo	Pyeo	Hyeo	

O7

자음+모음(ㅕ) [Согласная + гласная (ㅕ)]

월 일

자음+모음(ㅕ) 익히기 [Изучение согласной + гласной (ㅕ)]

다음 자음+모음(ㅕ)을 쓰는 순서에 맞게 따라 쓰세요.

(Напишите следующие согласную + гласную (ㅕ) в правильном порядке.)

자음+모음(ㅕ)	이름	쓰는 순서	영어 표기	쓰기					
ㄱ+ㅕ	겨	겨	Gyeo	겨					
ㄴ+ㅕ	녀	녀	Nyeo	녀					
ㄷ+ㅕ	뎌	뎌	Dyeo	뎌					
ㄹ+ㅕ	려	려	Ryeo	려					
ㅁ+ㅕ	며	며	Myeo	며					
ㅂ+ㅕ	벼	벼	Byeo	벼					
ㅅ+ㅕ	셔	셔	Syeo	셔					
ㅇ+ㅕ	여	여	Yeo	여					
ㅈ+ㅕ	져	져	Jyeo	져					
ㅊ+ㅕ	쳐	쳐	Chyeo	쳐					
ㅋ+ㅕ	켜	켜	Kyeo	켜					
ㅌ+ㅕ	텨	텨	Tyeo	텨					
ㅍ+ㅕ	펴	펴	Pyeo	펴					
ㅎ+ㅕ	혀	혀	Hyeo	혀					

제 4장 음절표 • **31**

08 자음+모음(ㅛ) [Согласная + гласная (ㅛ)]

월　일

자음+모음(ㅛ) 읽기 [Чтение согласной + гласной (ㅛ)]

교	뇨	됴	료	묘
Gyo	Nyo	Dyo	Ryo	Myo
뵤	쇼	요	죠	쵸
Byo	Syo	Yo	Jyo	Chyo
쿄	툐	표	효	
Kyo	Tyo	Pyo	Hyo	

자음+모음(ㅛ) 쓰기 [Написание согласной + гласной (ㅛ)]

Gyo	Nyo	Dyo	Ryo	Myo
Gyo	Nyo	Dyo	Ryo	Myo
Byo	Syo	Yo	Jyo	Chyo
Byo	Syo	Yo	Jyo	Chyo
Kyo	Tyo	Pyo	Hyo	
Kyo	Tyo	Pyo	Hyo	

08 자음+모음(ㅛ) [Согласная + гласная (ㅛ)]

월 일

자음+모음(ㅛ) 익히기 [Изучение согласной + гласной (ㅛ)]

다음 자음+모음(ㅛ)을 쓰는 순서에 맞게 따라 쓰세요.

(Напишите следующие согласную + гласную (ㅛ) в правильном порядке.)

자음+모음(ㅛ)	이름	쓰는 순서	영어 표기	쓰기					
ㄱ+ㅛ	교		Gyo	교					
ㄴ+ㅛ	뇨		Nyo	뇨					
ㄷ+ㅛ	됴		Dyo	됴					
ㄹ+ㅛ	료		Ryo	료					
ㅁ+ㅛ	묘		Myo	묘					
ㅂ+ㅛ	뵤		Byo	뵤					
ㅅ+ㅛ	쇼		Syo	쇼					
ㅇ+ㅛ	요		Yo	요					
ㅈ+ㅛ	죠		Jyo	죠					
ㅊ+ㅛ	쵸		Chyo	쵸					
ㅋ+ㅛ	쿄		Kyo	쿄					
ㅌ+ㅛ	툐		Tyo	툐					
ㅍ+ㅛ	표		Pyo	표					
ㅎ+ㅛ	효		Hyo	효					

자음+모음(ㅠ) [Согласная + гласная (ㅠ)]

월   일

자음+모음(ㅠ) 읽기 [Чтение согласной + гласной (ㅠ)]

규	뉴	듀	류	뮤
Gyu	Nyu	Dyu	Ryu	Myu
뷰	슈	유	쥬	츄
Byu	Syu	Yu	Jyu	Chyu
큐	튜	퓨	휴	
Kyu	Tyu	Pyu	Hyu	

자음+모음(ㅠ) 쓰기 [Написание согласной + гласной (ㅠ)]

규	뉴	듀	류	뮤
Gyu	Nyu	Dyu	Ryu	Myu
뷰	슈	유	쥬	츄
Byu	Syu	Yu	Jyu	Chyu
큐	튜	퓨	휴	
Kyu	Tyu	Pyu	Hyu	

09 자음+모음(ㅠ) [Согласная + гласная (ㅠ)]

월 일

자음+모음(ㅠ) 익히기 [Изучение согласной + гласной (ㅠ)]

다음 자음+모음(ㅠ)을 쓰는 순서에 맞게 따라 쓰세요.

(Напишите следующие согласную + гласную (ㅠ) в правильном порядке.)

자음+모음(ㅠ)	이름	쓰는 순서	영어 표기	쓰기
ㄱ+ㅠ	규		Gyu	규
ㄴ+ㅠ	뉴		Nyu	뉴
ㄷ+ㅠ	듀		Dyu	듀
ㄹ+ㅠ	류		Ryu	류
ㅁ+ㅠ	뮤		Myu	뮤
ㅂ+ㅠ	뷰		Byu	뷰
ㅅ+ㅠ	슈		Syu	슈
ㅇ+ㅠ	유		Yu	유
ㅈ+ㅠ	쥬		Jyu	쥬
ㅊ+ㅠ	츄		Chyu	츄
ㅋ+ㅠ	큐		Kyu	큐
ㅌ+ㅠ	튜		Tyu	튜
ㅍ+ㅠ	퓨		Pyu	퓨
ㅎ+ㅠ	휴		Hyu	휴

자음+모음(ㅣ) [Согласная + гласная (ㅣ)]

월   일

자음+모음(ㅣ) 읽기 [Чтение согласной + гласной (ㅣ)]

기	니	디	리	미
Gi	Ni	Di	Ri	Mi
비	시	이	지	치
Bi	Si	I	Ji	Chi
키	티	피	히	
Ki	Ti	Pi	Hi	

자음+모음(ㅣ) 쓰기 [Написание согласной + гласной (ㅣ)]

기	니	디	리	미
Gi	Ni	Di	Ri	Mi
비	시	이	지	치
Bi	Si	I	Ji	Chi
키	티	피	히	
Ki	Ti	Pi	Hi	

자음+모음(ㅣ) [Согласная + гласная (ㅣ)]

월   일

자음+모음(ㅣ) 익히기 [Изучение согласной + гласной (ㅣ)]

다음 자음+모음(ㅣ)을 쓰는 순서에 맞게 따라 쓰세요.

(Напишите следующие согласную + гласную (ㅣ) в правильном порядке.)

자음+모음(ㅣ)	이름	쓰는 순서	영어 표기	쓰기				
ㄱ+ ㅣ	기	기	Gi	기				
ㄴ+ ㅣ	니	니	Ni	니				
ㄷ+ ㅣ	디	디	Di	디				
ㄹ+ ㅣ	리	리	Ri	리				
ㅁ+ ㅣ	미	미	Mi	미				
ㅂ+ ㅣ	비	비	Bi	비				
ㅅ+ ㅣ	시	시	Si	시				
ㅇ+ ㅣ	이	이	I	이				
ㅈ+ ㅣ	지	지	Ji	지				
ㅊ+ ㅣ	치	치	Chi	치				
ㅋ+ ㅣ	키	키	Ki	키				
ㅌ+ ㅣ	티	티	Ti	티				
ㅍ+ ㅣ	피	피	Pi	피				
ㅎ+ ㅣ	히	히	Hi	히				

한글 자음과 모음 받침표 [Таблица согласных и гласных хангыля]

월   일

※ 참고 : 받침 'ㄱ~ㅎ'(49p~62P)에서 학습할 내용

mp3 / 받침	가	나	다	라	마	바	사	아	자	차	카	타	파	하
ㄱ	각	낙	닥	락	막	박	삭	악	작	착	칵	탁	팍	학
ㄴ	간	난	단	란	만	반	산	안	잔	찬	칸	탄	판	한
ㄷ	갇	낟	닫	랃	맏	받	삳	앋	잗	찯	칻	탇	팓	핟
ㄹ	갈	날	달	랄	말	발	살	알	잘	찰	칼	탈	팔	할
ㅁ	감	남	담	람	맘	밤	삼	암	잠	참	캄	탐	팜	함
ㅂ	갑	납	답	랍	맙	밥	삽	압	잡	찹	캅	탑	팝	합
ㅅ	갓	낫	닷	랏	맛	밧	삿	앗	잣	찻	캇	탓	팟	핫
ㅇ	강	낭	당	랑	망	방	상	앙	장	창	캉	탕	팡	항
ㅈ	갖	낮	닺	랒	맞	밪	샂	앚	잦	찾	캊	탖	팢	핮
ㅊ	갗	낯	닻	랓	맞	밫	샃	앛	잧	찿	캋	탗	팣	핯
ㅋ	갘	낰	닼	랔	맠	밬	샄	앜	잨	챀	캌	탘	팤	핰
ㅌ	같	낱	닽	랕	맡	밭	샅	앝	잩	챁	캍	탙	팥	핱
ㅍ	갚	낲	닾	랖	맢	밮	샆	앞	잪	챂	캎	탚	팦	핲
ㅎ	갛	낳	닿	랗	맣	밯	샇	앟	잫	챃	캏	탛	팧	핳

자음과
겹모음

Глава 5.
Согласные и
двойные гласные

국어국립원의 '우리말샘'에 등록되지 않은 글자. 또는 쓰임이 적은
글자를 아래와 같이 수록하니, 학습에 참고하시길 바랍니다.

페이지	'우리말샘'에 등록되지 않은 글자. 또는 쓰임이 적은 글자
42p	뎨(Dye) 볘(Bye) 졔(Jye) 쳬(Chye) 톄(Tye)
43p	돠(Dwa) 롸(Rwa) 뫄(Mwa) 톼(Twa) 퐈(Pwa)
44p	놰(Nwae) 뢔(Rwae) 뫠(Mwae) 쵀(Chwae) 퐤(Pwae)
46p	풔(Pwo)
48p	듸(Dui) 릐(Rui) 믜(Mui) 븨(Bui) 싀(Sui) 즤(Jui) 츼(Chui) 킈(Kui)
51p	랃(Rat) 앋(At) 챧(Chat) 캍(Kat) 탇(Tat) 팓(Pat)
57p	샀(Sat) 캈(Kat) 탔(Tat) 팠(Pat) 핫(Hat)
58p	랓(Rat) 맟(Mat) 밭(Bat) 샃(Sat) 앗(At) 잦(Jat) 찿(Chat) 캋(Chat) 탗(Tat) 팣(Pat) 핫(Hat)
59p	각(Gak) 낙(Nak) 닥(Dak) 락(Rak) 막(Mak) 박(Bak) 삭(Sak) 작(Jak) 착(Chak) 칵(Kak) 팍(Pak) 학(Hak)
60p	닫(Dat) 랃(Rat) 잗(Jat) 찯(Chat) 칻(Kat) 탇(Tat) 핟(Hat)
61p	답(Dap) 맙(Map) 밥(Bap) 찹(Chap) 캅(Kap) 탑(Tap) 팝(Pap) 합(Hap)
62p	밫(Bat) 샃(Sat) 앛(At) 잧(Jat) 찿(Chat) 캋(Kat) 탗(Tat) 팣(Pat) 핯(Hat)

01 자음+겹모음(ㅐ)
[Согласная + двойная гласная (ㅐ)]

월   일

자음+겹모음(ㅐ) [Согласная + двойная гласная (ㅐ)]

다음 자음+겹모음(ㅐ)을 쓰는 순서에 맞게 따라 쓰세요.

(Напишите следующие согласную + двойную гласную (ㅐ) в правильном порядке.)

자음+겹모음(ㅐ)	영어 표기	쓰기					
ㄱ+ㅐ	Gae	개					
ㄴ+ㅐ	Nae	내					
ㄷ+ㅐ	Dae	대					
ㄹ+ㅐ	Rae	래					
ㅁ+ㅐ	Mae	매					
ㅂ+ㅐ	Bae	배					
ㅅ+ㅐ	Sae	새					
ㅇ+ㅐ	Ae	애					
ㅈ+ㅐ	Jae	재					
ㅊ+ㅐ	Chae	채					
ㅋ+ㅐ	Kae	캐					
ㅌ+ㅐ	Tae	태					
ㅍ+ㅐ	Pae	패					
ㅎ+ㅐ	Hae	해					

O2 자음+겹모음(ㅔ)
[Согласная + двойная гласная (ㅔ)]

월 일

자음+겹모음(ㅔ) [Согласная + двойная гласная (ㅔ)]

다음 자음+겹모음(ㅔ)을 쓰는 순서에 맞게 따라 쓰세요.

(Напишите следующие согласную + двойную гласную (ㅔ) в правильном порядке.)

자음+겹모음(ㅔ)	영어 표기	쓰기					
ㄱ+ㅔ	Ge	게					
ㄴ+ㅔ	Ne	네					
ㄷ+ㅔ	De	데					
ㄹ+ㅔ	Re	레					
ㅁ+ㅔ	Me	메					
ㅂ+ㅔ	Be	베					
ㅅ+ㅔ	Se	세					
ㅇ+ㅔ	E	에					
ㅈ+ㅔ	Je	제					
ㅊ+ㅔ	Che	체					
ㅋ+ㅔ	Ke	케					
ㅌ+ㅔ	Te	테					
ㅍ+ㅔ	Pe	페					
ㅎ+ㅔ	He	헤					

03 자음+겹모음(ㅖ)
[Согласная + двойная гласная (ㅖ)]

월   일

자음+겹모음(ㅖ) [Согласная + двойная гласная (ㅖ)]

다음 자음+겹모음(ㅖ)을 쓰는 순서에 맞게 따라 쓰세요.
(Напишите следующие согласную + двойную гласную (ㅖ) в правильном порядке.)

자음+겹모음(ㅖ)	영어 표기	쓰기						
ㄱ+ㅖ	Gye	계						
ㄴ+ㅖ	Nye	녜						
ㄷ+ㅖ	Dye	뎨						
ㄹ+ㅖ	Rye	례						
ㅁ+ㅖ	Mye	몌						
ㅂ+ㅖ	Bye	볘						
ㅅ+ㅖ	Sye	셰						
ㅇ+ㅖ	Ye	예						
ㅈ+ㅖ	Jye	졔						
ㅊ+ㅖ	Chye	쳬						
ㅋ+ㅖ	Kye	켸						
ㅌ+ㅖ	Tye	톄						
ㅍ+ㅖ	Pye	폐						
ㅎ+ㅖ	Hye	혜						

O4 자음+겹모음(ㅘ)
[Согласная + двойная гласная (ㅘ)]

ㄷ 자음+겹모음(ㅘ) [Согласная + двойная гласная (ㅘ)]

다음 자음+겹모음(ㅘ)을 쓰는 순서에 맞게 따라 쓰세요.
(Напишите следующие согласную + двойную гласную (ㅘ) в правильном порядке.)

자음+겹모음(ㅘ)	영어 표기	쓰기					
ㄱ+ㅘ	Gwa	과					
ㄴ+ㅘ	Nwa	놔					
ㄷ+ㅘ	Dwa	돠					
ㄹ+ㅘ	Rwa	롸					
ㅁ+ㅘ	Mwa	뫄					
ㅂ+ㅘ	Bwa	봐					
ㅅ+ㅘ	Swa	솨					
ㅇ+ㅘ	Wa	와					
ㅈ+ㅘ	Jwa	좌					
ㅊ+ㅘ	Chwa	촤					
ㅋ+ㅘ	Kwa	콰					
ㅌ+ㅘ	Twa	톼					
ㅍ+ㅘ	Pwa	퐈					
ㅎ+ㅘ	Hwa	화					

O5 자음+겹모음(ㅙ)
[Согласная + двойная гласная (ㅙ)]

월   일

자음+겹모음(ㅙ) [Согласная + двойная гласная (ㅙ)]

다음 자음+겹모음(ㅙ)을 쓰는 순서에 맞게 따라 쓰세요.
(Напишите следующие согласную + двойную гласную (ㅙ) в правильном порядке.)

자음+겹모음(ㅙ)	영어 표기	쓰기					
ㄱ+ㅙ	Gwae	괘					
ㄴ+ㅙ	Nwae	놰					
ㄷ+ㅙ	Dwae	돼					
ㄹ+ㅙ	Rwae	뢔					
ㅁ+ㅙ	Mwae	뫠					
ㅂ+ㅙ	Bwae	봬					
ㅅ+ㅙ	Swae	쇄					
ㅇ+ㅙ	Wae	왜					
ㅈ+ㅙ	Jwae	좨					
ㅊ+ㅙ	Chwae	쵀					
ㅋ+ㅙ	Kwae	쾌					
ㅌ+ㅙ	Twae	퇘					
ㅍ+ㅙ	Pwae	퐤					
ㅎ+ㅙ	Hwae	홰					

06 자음+겹모음(ㅚ)
[Согласная + двойная гласная (ㅚ)]

월   일

자음+겹모음(ㅚ) [Согласная + двойная гласная (ㅚ)]

다음 자음+겹모음(ㅚ)을 쓰는 순서에 맞게 따라 쓰세요.

(Напишите следующие согласную + двойную гласную (ㅚ) в правильном порядке.)

자음+겹모음(ㅚ)	영어 표기	쓰기					
ㄱ+ㅚ	Goe	괴					
ㄴ+ㅚ	Noe	뇌					
ㄷ+ㅚ	Doe	되					
ㄹ+ㅚ	Roe	뢰					
ㅁ+ㅚ	Moe	뫼					
ㅂ+ㅚ	Boe	뵈					
ㅅ+ㅚ	Soe	쇠					
ㅇ+ㅚ	Oe	외					
ㅈ+ㅚ	Joe	죄					
ㅊ+ㅚ	Choe	최					
ㅋ+ㅚ	Koe	쾨					
ㅌ+ㅚ	Toe	퇴					
ㅍ+ㅚ	Poe	푀					
ㅎ+ㅚ	Hoe	회					

07 자음+겹모음(ㅝ)
[Согласная + двойная гласная (ㅝ)]

월   일

자음+겹모음(ㅝ) [Согласная + двойная гласная (ㅝ)]

다음 자음+겹모음(ㅝ)을 쓰는 순서에 맞게 따라 쓰세요.
(Напишите следующие согласную + двойную гласную (ㅝ) в правильном порядке.)

자음+겹모음(ㅝ)	영어 표기	쓰기					
ㄱ+ㅝ	Gwo	궈					
ㄴ+ㅝ	Nwo	눠					
ㄷ+ㅝ	Dwo	둬					
ㄹ+ㅝ	Rwo	뤄					
ㅁ+ㅝ	Mwo	뭐					
ㅂ+ㅝ	Bwo	붜					
ㅅ+ㅝ	Swo	숴					
ㅇ+ㅝ	Wo	워					
ㅈ+ㅝ	Jwo	줘					
ㅊ+ㅝ	Chwo	춰					
ㅋ+ㅝ	Kwo	쿼					
ㅌ+ㅝ	Two	퉈					
ㅍ+ㅝ	Pwo	풔					
ㅎ+ㅝ	Hwo	훠					

08 자음+겹모음(ㅟ)
[Согласная + двойная гласная (ㅟ)]

월 일

자음+겹모음(ㅟ) [Согласная + двойная гласная (ㅟ)]

다음 자음+겹모음(ㅟ)을 쓰는 순서에 맞게 따라 쓰세요.

(Напишите следующие согласную + двойную гласную (ㅟ) в правильном порядке.)

자음+겹모음(ㅟ)	영어 표기	쓰기					
ㄱ+ㅟ	Gwi	귀					
ㄴ+ㅟ	Nwi	뉘					
ㄷ+ㅟ	Dwi	뒤					
ㄹ+ㅟ	Rwi	뤼					
ㅁ+ㅟ	Mwi	뮈					
ㅂ+ㅟ	Bwi	뷔					
ㅅ+ㅟ	Swi	쉬					
ㅇ+ㅟ	Wi	위					
ㅈ+ㅟ	Jwi	쥐					
ㅊ+ㅟ	Chwi	취					
ㅋ+ㅟ	Kwi	퀴					
ㅌ+ㅟ	Twi	튀					
ㅍ+ㅟ	Pwi	퓌					
ㅎ+ㅟ	Hwi	휘					

09 자음+겹모음(ㅟ)
[Согласная + двойная гласная (ㅟ)]

월   일

자음+겹모음(ㅟ) [Согласная + двойная гласная (ㅟ)]

다음 자음+겹모음(ㅟ)을 쓰는 순서에 맞게 따라 쓰세요.
(Напишите следующие согласную + двойную гласную (ㅟ) в правильном порядке.)

자음+겹모음(ㅟ)	영어 표기	쓰기						
ㄱ+ㅟ	Gwi	귀						
ㄴ+ㅟ	Nwi	뉘						
ㄷ+ㅟ	Dwi	뒤						
ㄹ+ㅟ	Rwi	뤼						
ㅁ+ㅟ	Mwi	뮈						
ㅂ+ㅟ	Bwi	뷔						
ㅅ+ㅟ	Swi	쉬						
ㅇ+ㅟ	Wi	위						
ㅈ+ㅟ	Jwi	쥐						
ㅊ+ㅟ	Chwi	취						
ㅋ+ㅟ	Kwi	퀴						
ㅌ+ㅟ	Twi	튀						
ㅍ+ㅟ	Pwi	퓌						
ㅎ+ㅟ	Hwi	휘						

10 받침 ㄱ(기역)이 있는 글자
[Патчим с согласной 'ㄱ'(киёк)]

월   일

받침 ㄱ(기역) [Патчим 'ㄱ'(киёк)]

다음 받침 ㄱ(기역)이 들어간 글자를 쓰는 순서에 맞게 따라 쓰세요.
(Напишите следующие слоги с патчимом 'ㄱ'(киёк) в правильном порядке.)

받침 ㄱ(기역)	영어 표기	쓰기						
가+ㄱ	Gak	각						
나+ㄱ	Nak	낙						
다+ㄱ	Dak	닥						
라+ㄱ	Rak	락						
마+ㄱ	Mak	막						
바+ㄱ	Bak	박						
사+ㄱ	Sak	삭						
아+ㄱ	Ak	악						
자+ㄱ	Jak	작						
차+ㄱ	Chak	착						
카+ㄱ	Kak	칵						
타+ㄱ	Tak	탁						
파+ㄱ	Pak	팍						
하+ㄱ	Hak	학						

11 받침 ㄴ(니은)이 있는 글자
[Патчим с согласной 'ㄴ'(Ниын)]

월   일

받침 ㄴ(니은) [Патчим 'ㄴ'(Ниын)]

다음 받침 ㄴ(니은)이 들어간 글자를 쓰는 순서에 맞게 따라 쓰세요.

(Напишите следующие слоги с патчимом 'ㄴ'(Ниын) в правильном порядке.)

받침 ㄴ(니은)	영어 표기	쓰기						
가+ㄴ	Gan	간						
나+ㄴ	Nan	난						
다+ㄴ	Dan	단						
라+ㄴ	Ran	란						
마+ㄴ	Man	만						
바+ㄴ	Ban	반						
사+ㄴ	San	산						
아+ㄴ	An	안						
자+ㄴ	Jan	잔						
차+ㄴ	Chan	찬						
카+ㄴ	Kan	칸						
타+ㄴ	Tan	탄						
파+ㄴ	Pan	판						
하+ㄴ	Han	한						

12 받침 ㄷ(디귿)이 있는 글자

[Патчим с согласной 'ㄷ'(Тигыт)]

월   일

받침 ㄷ(디귿) [Патчим 'ㄷ'(Тигыт)]

다음 받침 ㄷ(디귿)이 들어간 글자를 쓰는 순서에 맞게 따라 쓰세요.

(Напишите следующие слоги с патчимом 'ㄷ'(Тигыт) в правильном порядке.)

받침 ㄷ(디귿)	영어 표기	쓰기				
가+ㄷ	Gat	갇				
나+ㄷ	Nat	낟				
다+ㄷ	Dat	닫				
라+ㄷ	Rat	랃				
마+ㄷ	Mat	맏				
바+ㄷ	Bat	받				
사+ㄷ	Sat	삳				
아+ㄷ	At	앋				
자+ㄷ	Jat	잗				
차+ㄷ	Chat	챋				
카+ㄷ	Kat	칻				
타+ㄷ	Tat	탇				
파+ㄷ	Pat	팓				
하+ㄷ	Hat	핟				

13 받침 ㄹ(리을)이 있는 글자
[Патчим с согласной 'ㄹ'(Рииль)]

월   일

받침 ㄹ(리을) [Патчим 'ㄹ'(Рииль)]

다음 받침 ㄹ(리을)이 들어간 글자를 쓰는 순서에 맞게 따라 쓰세요.
(Напишите следующие слоги с патчимом 'ㄹ'(Рииль) в правильном порядке.)

받침 ㄹ(리을)	영어 표기	쓰기						
가+ㄹ	Gal	갈						
나+ㄹ	Nal	날						
다+ㄹ	Dal	달						
라+ㄹ	Ral	랄						
마+ㄹ	Mal	말						
바+ㄹ	Bal	발						
사+ㄹ	Sal	살						
아+ㄹ	Al	알						
자+ㄹ	Jal	잘						
차+ㄹ	Chal	찰						
카+ㄹ	Kal	칼						
타+ㄹ	Tal	탈						
파+ㄹ	Pal	팔						
하+ㄹ	Hal	할						

14 받침 ㅁ(미음)이 있는 글자
[Патчим с согласной 'ㅁ'(Миым)]

월 일

받침 ㅁ(미음) [Патчим 'ㅁ'(Миым)]

다음 받침 ㅁ(미음)이 들어간 글자를 쓰는 순서에 맞게 따라 쓰세요.
(Напишите следующие слоги с патчимом 'ㅁ'(Миым) в правильном порядке.)

받침 ㅁ(미음)	영어 표기	쓰기					
가+ㅁ	Gam	감					
나+ㅁ	Nam	남					
다+ㅁ	Dam	담					
라+ㅁ	Ram	람					
마+ㅁ	Mam	맘					
바+ㅁ	Bam	밤					
사+ㅁ	Sam	삼					
아+ㅁ	Am	암					
자+ㅁ	Jam	잠					
차+ㅁ	Cham	참					
카+ㅁ	Kam	캄					
타+ㅁ	Tam	탐					
파+ㅁ	Pam	팜					
하+ㅁ	Ham	함					

받침 ㅂ(비읍)이 있는 글자
[Патчим с согласной 'ㅂ'(Пиып)]

월   일

▤ 받침 ㅂ(비읍) [Патчим 'ㅂ'(Пиып)]

다음 받침 ㅂ(비읍)이 들어간 글자를 쓰는 순서에 맞게 따라 쓰세요.
(Напишите следующие слоги с патчимом 'ㅂ'(Пиып) в правильном порядке.)

받침 ㅂ(비읍)	영어 표기	쓰기					
가+ㅂ	Gap	갑					
나+ㅂ	Nap	납					
다+ㅂ	Dap	답					
라+ㅂ	Rap	랍					
마+ㅂ	Map	맙					
바+ㅂ	Bap	밥					
사+ㅂ	Sap	삽					
아+ㅂ	Ap	압					
자+ㅂ	Jap	잡					
차+ㅂ	Chap	찹					
카+ㅂ	Kap	캅					
타+ㅂ	Tap	탑					
파+ㅂ	Pap	팝					
하+ㅂ	Hap	합					

16 받침 ㅅ(시옷)이 있는 글자
[Патчим с согласной 'ㅅ'(Щиот)]

월   일

받침 ㅅ(시옷) [Патчим 'ㅅ'(Щиот)]

다음 받침 ㅅ(시옷)이 들어간 글자를 쓰는 순서에 맞게 따라 쓰세요.
(Напишите следующие слоги с патчимом 'ㅅ'(Щиот) в правильном порядке.)

받침 ㅅ(시옷)	영어 표기	쓰기				
가+ㅅ	Gat	갓				
나+ㅅ	Nat	낫				
다+ㅅ	Dat	닷				
라+ㅅ	Rat	랏				
마+ㅅ	Mat	맛				
바+ㅅ	Bat	밧				
사+ㅅ	Sat	삿				
아+ㅅ	At	앗				
자+ㅅ	Jat	잣				
차+ㅅ	Chat	찻				
카+ㅅ	Kat	캇				
타+ㅅ	Tat	탓				
파+ㅅ	Pat	팟				
하+ㅅ	Hat	핫				

17 받침 ㅇ(이응)이 있는 글자
[Патчим с согласной 'ㅇ'(Иынг)]

월   일

받침 ㅇ(이응) [Патчим 'ㅇ'(Иынг)]

다음 받침 ㅇ(이응)이 들어간 글자를 쓰는 순서에 맞게 따라 쓰세요.
(Напишите следующие слоги с патчимом 'ㅇ'(Иынг) в правильном порядке.)

받침 ㅇ(이응)	영어 표기	쓰기				
가+ㅇ	Gang	강				
나+ㅇ	Nang	낭				
다+ㅇ	Dang	당				
라+ㅇ	Rang	랑				
마+ㅇ	Mang	망				
바+ㅇ	Bang	방				
사+ㅇ	Sang	상				
아+ㅇ	Ang	앙				
자+ㅇ	Jang	장				
차+ㅇ	Chang	창				
카+ㅇ	Kang	캉				
타+ㅇ	Tang	탕				
파+ㅇ	Pang	팡				
하+ㅇ	Hang	항				

18 받침 ㅈ(지읒)이 있는 글자
[Патчим с согласной 'ㅈ'(Джиыт)]

받침 ㅈ(지읒) [Патчим 'ㅈ'(Джиыт)]

다음 받침 ㅈ(지읒)이 들어간 글자를 쓰는 순서에 맞게 따라 쓰세요.
(Напишите следующие слоги с патчимом 'ㅈ'(Джиыт) в правильном порядке.)

받침 ㅈ(지읒)	영어 표기	쓰기				
가+ㅈ	Gat	갖				
나+ㅈ	Nat	낮				
다+ㅈ	Dat	닺				
라+ㅈ	Rat	랒				
마+ㅈ	Mat	맞				
바+ㅈ	Bat	밪				
사+ㅈ	Sat	샂				
아+ㅈ	At	앚				
자+ㅈ	Jat	잦				
차+ㅈ	Chat	찾				
카+ㅈ	Kat	캊				
타+ㅈ	Tat	탖				
파+ㅈ	Pat	팢				
하+ㅈ	Hat	핮				

19 받침 ㅊ(치읓)이 있는 글자
[Патчим с согласной 'ㅊ'(Чхиыт)]

월   일

받침 ㅊ(치읓) [Патчим 'ㅊ'(Чхиыт)]

다음 받침 ㅊ(치읓)이 들어간 글자를 쓰는 순서에 맞게 따라 쓰세요.
(Напишите следующие слоги с патчимом 'ㅊ'(Чхиыт) в правильном порядке.)

받침 ㅊ(치읓)	영어 표기	쓰기					
가+ㅊ	Gat	갗					
나+ㅊ	Nat	낯					
다+ㅊ	Dat	닺					
라+ㅊ	Rat	랓					
마+ㅊ	Mat	맟					
바+ㅊ	Bat	밫					
사+ㅊ	Sat	샃					
아+ㅊ	At	앛					
자+ㅊ	Jat	잦					
차+ㅊ	Chat	찿					
카+ㅊ	Kat	캊					
타+ㅊ	Tat	탗					
파+ㅊ	Pat	팣					
하+ㅊ	Hat	핫					

20 받침 ㅋ(키읔)이 있는 글자
[Патчим с согласной 'ㅋ'(Кхиык)]

받침 ㅋ(키읔) [Патчим 'ㅋ'(Кхиык)]

다음 받침 ㅋ(키읔)이 들어간 글자를 쓰는 순서에 맞게 따라 쓰세요.
(Напишите следующие слоги с патчимом 'ㅋ'(Кхиык) в правильном порядке.)

받침 ㅋ(키읔)	영어 표기	쓰기				
가+ㅋ	Gak	각				
나+ㅋ	Nak	낙				
다+ㅋ	Dak	닥				
라+ㅋ	Rak	락				
마+ㅋ	Mak	막				
바+ㅋ	Bak	박				
사+ㅋ	Sak	삭				
아+ㅋ	Ak	악				
자+ㅋ	Jak	작				
차+ㅋ	Chak	착				
카+ㅋ	Kak	칵				
타+ㅋ	Tak	탁				
파+ㅋ	Pak	팍				
하+ㅋ	Hak	학				

21 받침 ㅌ(티읕)이 있는 글자
[Патчим с согласной 'ㅌ'(Тхиыт)]

월   일

ㅌ 받침 ㅌ(티읕) [Патчим 'ㅌ'(Тхиыт)]

다음 받침 ㅌ(티읕)이 들어간 글자를 쓰는 순서에 맞게 따라 쓰세요.
(Напишите следующие слоги с патчимом 'ㅌ'(Тхиыт) в правильном порядке.)

받침 ㅌ(티읕)	영어 표기	쓰기							
가+ㅌ	Gat	같							
나+ㅌ	Nat	낱							
다+ㅌ	Dat	닽							
라+ㅌ	Rat	랕							
마+ㅌ	Mat	맡							
바+ㅌ	Bat	밭							
사+ㅌ	Sat	샅							
아+ㅌ	At	앝							
자+ㅌ	Jat	잩							
차+ㅌ	Chat	챁							
카+ㅌ	Kat	캍							
타+ㅌ	Tat	탙							
파+ㅌ	Pat	팥							
하+ㅌ	Hat	핱							

22 받침 ㅍ(피읖)이 있는 글자
[Патчим с согласной 'ㅍ'(Пхиып)]

월   일

받침 ㅍ(피읖) [Патчим 'ㅍ'(Пхиып)]

다음 받침 ㅍ(피읖)이 들어간 글자를 쓰는 순서에 맞게 따라 쓰세요.

(Напишите следующие слоги с патчимом 'ㅍ'(Пхиып) в правильном порядке.)

받침 ㅍ(피읖)	영어 표기	쓰기					
가+ㅍ	Gap	갚					
나+ㅍ	Nap	낲					
다+ㅍ	Dap	닾					
라+ㅍ	Rap	랖					
마+ㅍ	Map	맢					
바+ㅍ	Bap	밮					
사+ㅍ	Sap	샆					
아+ㅍ	Ap	앞					
자+ㅍ	Jap	잪					
차+ㅍ	Chap	챂					
카+ㅍ	Kap	캎					
타+ㅍ	Tap	탚					
파+ㅍ	Pap	팦					
하+ㅍ	Hap	핲					

23 받침 ㅎ(히읗)이 있는 글자
[Патчим с согласной 'ㅎ'(Хиыт)]

월   일

받침 ㅎ(히읗) [Патчим 'ㅎ'(Хиыт)]

다음 받침 ㅎ(히읗)이 들어간 글자를 쓰는 순서에 맞게 따라 쓰세요.

(Напишите следующие слоги с патчимом 'ㅎ'(Хиыт) в правильном порядке.)

받침 ㅎ(히읗)	영어 표기	쓰기					
가+ㅎ	Gat	갛					
나+ㅎ	Nat	낳					
다+ㅎ	Dat	닿					
라+ㅎ	Rat	랗					
마+ㅎ	Mat	맣					
바+ㅎ	Bat	밯					
사+ㅎ	Sat	샇					
아+ㅎ	At	앟					
자+ㅎ	Jat	잫					
차+ㅎ	Chat	챃					
카+ㅎ	Kat	캏					
타+ㅎ	Tat	탛					
파+ㅎ	Pat	팧					
하+ㅎ	Hat	핳					

제6장

주제별 낱말

Глава 6.
По словам по теме

 01 **과일** [Фрукты]

월 일

■ 다음을 쓰는 순서에 맞게 따라 쓰세요.
（Напишите следующее в правильном порядке.）

사	과					
배						
바	나	나				
딸	기					
토	마	토				

사과 яблоко

배 груша

바나나 банан

딸기 клубника

토마토 помидор

과일 [Фрукты]

월   일

■ 다음을 쓰는 순서에 맞게 따라 쓰세요.
(Напишите следующее в правильном порядке.)

수박 арбуз	수	박					
복숭아 персик	복	숭	아				
오렌지 апельсин	오	렌	지				
귤 мандарин	귤						
키위 киви	키	위					

01 과일 [Фрукты]

월 일

■ 다음을 쓰는 순서에 맞게 따라 쓰세요.
(Напишите следующее в правильном порядке.)

참	외				
파	인	애	플		
레	몬				
감					
포	도				

참외 дыня

파인애플 ананас

레몬 лимон

감 хурма

포도 виноград

O2

동물 [Животные]

월   일

■ 다음을 쓰는 순서에 맞게 따라 쓰세요.
   (Напишите следующее в правильном порядке.)

타 조					
호 랑 이					
사 슴					
고 양 이					
여 우					

타조 страус

호랑이 тигр

사슴 олень

고양이 кот

여우 лиса

O2 동물 [Животные]

월　　일

■ 다음을 쓰는 순서에 맞게 따라 쓰세요.
(Напишите следующее в правильном порядке.)

사 자				
코 끼 리				
돼 지				
강 아 지				
토 끼				

사자 лев

코끼리 слон

돼지 свинья

강아지 щенок

토끼 заяц

동물 [Животные]

월   일

■ 다음을 쓰는 순서에 맞게 따라 쓰세요.
  (Напишите следующее в правильном порядке.)

기	린					
곰						
원	숭	이				
너	구	리				
거	북	이				

기린 жираф

곰 медведь

원숭이 обезьяна

너구리 енот

거북이 черепаха

■ 다음을 쓰는 순서에 맞게 따라 쓰세요.
　(Напишите следующее в правильном порядке.)

배추					
당근					
마늘					
시금치					
미나리					

배추 капуста

당근 морковь

마늘 чеснок

시금치 шпинат

미나리 минари

채소 [Овощи]

월 일

■ 다음을 쓰는 순서에 맞게 따라 쓰세요.
(Напишите следующее в правильном порядке.)

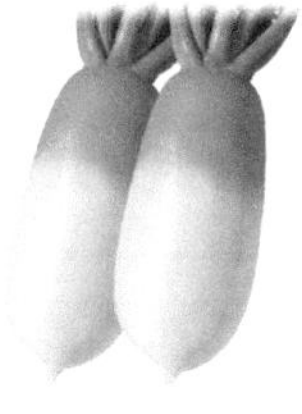

무 редис

상추 салат

양파 лук

부추 лук-порей

감자 картофель

무							
상	추						
양	파						
부	추						
감	자						

채소 [Овощи]

월   일

■ 다음을 쓰는 순서에 맞게 따라 쓰세요.
  (Напишите следующее в правильном порядке.)

오 이				
파				
가 지				
고 추				
양 배 추				

오이 огурец

파 зеленый лук

가지 баклажан

고추 перец

양배추 капуста

04 직 업 [Профессия]

■ 다음을 쓰는 순서에 맞게 따라 쓰세요.
(Напишите следующее в правильном порядке.)

경	찰	관			
소	방	관			
요	리	사			
환	경	미	화	원	
화	가				

경찰관 полицейский

소방관 пожарный

요리사 повар

환경미화원 дворник

화가 художник

월   일

■ 다음을 쓰는 순서에 맞게 따라 쓰세요.

(Напишите следующее в правильном порядке.)

간	호	사				
회	사	원				
미	용	사				
가	수					
소	설	가				

간호사 медсестра

회사원 офисный работник

미용사
парикмахер

가수 певец

소설가 писатель

04 직업 [Профессия]

월 일

■ 다음을 쓰는 순서에 맞게 따라 쓰세요.
(Напишите следующее в правильном порядке.)

의	사					

의사 врач

선	생	님				

선생님 учитель

주	부					

주부 домохозяйка

운	동	선	수			

운동선수
спортсмен

우	편	집	배	원		

우편집배원
почтальон

O5 음식 [Еда]

월   일

■ 다음을 쓰는 순서에 맞게 따라 쓰세요.
(Напишите следующее в правильном порядке.)

김	치	찌	개		
미	역	국			
김	치	볶	음	밥	
돈	가	스			
국	수				

김치찌개 кимчиччиге

미역국 миёккук

김치볶음밥 кимчхибоккымбап

돈가스 свиная котлета

국수 лапша

05 음식 [Еда]

월 일

■ 다음을 쓰는 순서에 맞게 따라 쓰세요.
(Напишите следующее в правильном порядке.)

된	장	찌	개		
불	고	기			
김	밥				
라	면				
떡					

된장찌개 твенджангччиге

불고기 пульгоги

김밥 кимбап

라면 рамён

떡 тток

음식 [Еда]

월   일

■ 다음을 쓰는 순서에 맞게 따라 쓰세요.
  (Напишите следующее в правильном порядке.)

순	두	부	찌	개
비	빔	밥		
만	두			
피	자			
케	이	크		

순두부찌개 сунтубуччиге

비빔밥 пибимбап

만두 манду

피자 пицца

케이크 торт

06 **위치** [Место расположения]

월 일

■ 다음을 쓰는 순서에 맞게 따라 쓰세요.
(Напишите следующее в правильном порядке.)

앞					
뒤					
위					
아	래				
오	른	쪽			

앞 перед

뒤 зад

위 верх

아래 низ

오른쪽 правая

O6 위치 [Место расположения]

월   일

■ 다음을 쓰는 순서에 맞게 따라 쓰세요.
(Напишите следующее в правильном порядке.)

왼 쪽					
옆					
안					
밖					
밑					

왼쪽 лево

옆 сбоку

안 внутри

밖 снаружи

밑 снизу

06 위치 [Место расположения]

월   일

■ 다음을 쓰는 순서에 맞게 따라 쓰세요.
(Напишите следующее в правильном порядке.)

사	이					
동	쪽					
서	쪽					
남	쪽					
북	쪽					

사이 между

동쪽 восток

서쪽 запад

남쪽 юг

북쪽 север

탈것 [Транспорт]

월   일

■ 다음을 쓰는 순서에 맞게 따라 쓰세요.
(Напишите следующее в правильном порядке.)

버스 автобус

버	스			

비행기 самолет

비	행	기		

배 корабль

배				

오토바이
мотоцикл

오	토	바	이	

소방차
пожарная машина

소	방	차		

07

탈 것 [Транспорт]

월 일

■ 다음을 쓰는 순서에 맞게 따라 쓰세요.
(Напишите следующее в правильном порядке.)

자	동	차			

지	하	철			

기	차				

헬	리	콥	터		

포	클	레	인		

자동차
автомобиль

지하철 метро

기차 поезд

헬리콥터
вертолет

포클레인
экскаватор

■ 다음을 쓰는 순서에 맞게 따라 쓰세요.
(Напишите следующее в правильном порядке.)

택	시			
자	전	거		
트	럭			
구	급	차		
기	구			

택시 такси

자전거 велосипед

트럭 грузовик

구급차 машина ск орой помощи

기구 воздушный шар

08 장소 [Место]

■ 다음을 쓰는 순서에 맞게 따라 쓰세요.
(Напишите следующее в правильном порядке.)

월   일

집						

집 дом

학	교					

학교 школа

백	화	점				

백화점 универмаг

우	체	국				

우체국 почта

약	국					

약국 аптека

장소 [Место]

■ 다음을 쓰는 순서에 맞게 따라 쓰세요.
(Напишите следующее в правильном порядке.)

시	장				

시장 рынок

식	당				

식당 ресторан

슈	퍼	마	켓		

슈퍼마켓
супермаркет

서	점				

서점
книжный магазин

공	원				

공원 парк

O8

장소 [Место]

■ 다음을 쓰는 순서에 맞게 따라 쓰세요.
(Напишите следующее в правильном порядке.)

은	행					

은행 банк

병	원					

병원 больница

문	구	점				

문구점 магазин к
анцтоваров

미	용	실				

미용실
салон красоты

극	장					

극장 театр

계절, 날씨 [Время года, погода]

월   일

■ 다음을 쓰는 순서에 맞게 따라 쓰세요.
(Напишите следующее в правильном порядке.)

봄					

봄 весна

여	름				

여름 лето

가	을				

가을 осень

겨	울				

겨울 зима

맑	다				

맑다 ясный

계절, 날씨 [Время года, погода]

월 일

■ 다음을 쓰는 순서에 맞게 따라 쓰세요.
(Напишите следующее в правильном порядке.)

흐리다 пасмурно

흐	리	다				

바람이 분다
дует ветер

바	람	이		분	다	

비가 온다
идет дождь

비	가		온	다		

비가 그친다 дождь прекращается

비	가		그	친	다	

눈이 온다
идет снег

눈	이		온	다		

09 계절, 날씨 [Время года, погода]

월   일

■ 다음을 쓰는 순서에 맞게 따라 쓰세요.
(Напишите следующее в правильном порядке.)

구름이 낀다
облачно

구	름	이		낀	다	

덥다 жарко

덥	다					

춥다 холодно

춥	다					

따뜻하다 тепло

따	뜻	하	다			

시원하다
прохладно

시	원	하	다			

집 안의 사물 [Предметы в доме]

월 일

■ 다음을 쓰는 순서에 맞게 따라 쓰세요.
(Напишите следующее в правильном порядке.)

소	파				
욕	조				
거	울				
샤	워	기			
변	기				

소파 диван

욕조 ванна

거울 зеркало

샤워기 душ

변기 унитаз

■ 다음을 쓰는 순서에 맞게 따라 쓰세요.
(Напишите следующее в правильном порядке.)

싱	크	대				
부	엌					
거	실					
안	방					
옷	장					

싱크대 раковина

부엌 кухня

거실 гостиная

안방 спальня

옷장 шкаф

10 집 안의 사물 [Предметы в доме]

월 일

■ 다음을 쓰는 순서에 맞게 따라 쓰세요.
(Напишите следующее в правильном порядке.)

화장대
туалетный столик

화장대

식탁
обеденный стол

식탁

책장
книжная полка

책장

작은방 маленькая
комната

작은방

침대 кровать

침대

가족 명칭 [Семья]

월   일

■ 다음을 쓰는 순서에 맞게 따라 쓰세요.
(Напишите следующее в правильном порядке.)

할	머	니			
할	아	버	지		
아	버	지			
어	머	니			
오	빠				

할머니 бабушка

할아버지
дедушка

아버지 отец

어머니 мать

오빠 старший брат
(для девушки)

11 # 가족 명칭 [Семья]

월 일

■ 다음을 쓰는 순서에 맞게 따라 쓰세요.
  (Напишите следующее в правильном порядке.)

형				
나				
남	동	생		
여	동	생		
언	니			

형 старший брат
(для парня)

나 я

남동생
младший брат

여동생
младшая сестра

언니
старшая сестра
(для девушки)

가족 명칭 [Семья]

월   일

■ 다음을 쓰는 순서에 맞게 따라 쓰세요.
(Напишите следующее в правильном порядке.)

누	나				
삼	촌				
고	모				
이	모				
이	모	부			

누나 старшая сестра (для парня)

삼촌 дядя (с папиной стороны)

고모 тетя (с папиной стороны)

이모 тетя (с маминой стороны)

이모부 дядя (с маминой стороны)

12 학용품 [Школьные принадлежности]

월 일

■ 다음을 쓰는 순서에 맞게 따라 쓰세요.
(Напишите следующее в правильном порядке.)

공	책				
스	케	치	북		
색	연	필			
가	위				
풀					

공책 тетрадь

스케치북 альбом

색연필 цветные к арандаши

가위 ножницы

풀 клей

학용품 [Школьные принадлежности]

■ 다음을 쓰는 순서에 맞게 따라 쓰세요.
(Напишите следующее в правильном порядке.)

일	기	장					
연	필						
칼							
물	감						
자							

일기장 дневник

연필 карандаш

칼 канцелярский нож

물감 краски

자 линейка

12 학용품 [Школьные принадлежности]

월   일

■ 다음을 쓰는 순서에 맞게 따라 쓰세요.
(Напишите следующее в правильном порядке.)

색	종	이				
사	인	펜				
크	레	파	스			
붓						
지	우	개				

색종이
цветная бумага

사인펜 маркер

크레파스
цветной мелок

붓 кисть

지우개 ластик

13

꽃 [Цветы]

월   일

■ 다음을 쓰는 순서에 맞게 따라 쓰세요.
(Напишите следующее в правильном порядке.)

장	미			
진	달	래		
민	들	레		
나	팔	꽃		
맨	드	라	미	

장미 роза

진달래 азалия

민들레 одуванчик

나팔꽃 ипомея

맨드라미 целозия

| 13 | 꽃 [Цветы] |

월 일

■ 다음을 쓰는 순서에 맞게 따라 쓰세요.
  (Напишите следующее в правильном порядке.)

개	나	리				
벚	꽃					
채	송	화				
국	화					
무	궁	화				

개나리 форзиция

벚꽃 сакура

채송화 портулак

국화 хризантемы

무궁화
роза Шарона

13 꽃 [Цветы]

월 일

■ 다음을 쓰는 순서에 맞게 따라 쓰세요.
(Напишите следующее в правильном порядке.)

튤	립			

튤립 тюльпан

봉	숭	아		

봉숭아 бальзамин
садовый

해	바	라	기	

해바라기
подсолнух

카	네	이	션	

카네이션
гвоздика

코	스	모	스	

코스모스 космея

나라 이름 [Страны]

월 일

■ 다음을 쓰는 순서에 맞게 따라 쓰세요.
 (Напишите следующее в правильном порядке.)

한 국					
필 리 핀					
일 본					
캄 보 디 아					
아 프 가 니 스 탄					

한국
Республика Корея

필리핀
Филиппины

일본 Япония

캄보디아
Камбоджа

아프가니스탄
Афганистан

14 나라 이름 [Страны]

월 일

■ 다음을 쓰는 순서에 맞게 따라 쓰세요.
(Напишите следующее в правильном порядке.)

중	국			

중국 Китай

태	국			

태국 Таиланд

베	트	남		

베트남 Вьетнам

인	도			

인도 Индия

영	국			

영국
Великобритания

14 나라 이름 [Страны]

월 　 일

■ 다음을 쓰는 순서에 맞게 따라 쓰세요.
　(Напишите следующее в правильном порядке.)

미 국					
몽 골					
우 즈 베 키 스 탄					
러 시 아					
캐 나 다					

미국 США

몽골 Монголия

우즈베키스탄
Узбекистан

러시아 Россия

캐나다 Канада

악기 [Музыкальные инструменты]

월   일

■ 다음을 쓰는 순서에 맞게 따라 쓰세요.
  (Напишите следующее в правильном порядке.)

기	타				
북					
트	라	이	앵	글	
하	모	니	카		
징					

기타 гитара

북 барабан

트라이앵글 треугольник

하모니카 губная гармошка

징 гонг

악기 [Музыкальные инструменты]

■ 다음을 쓰는 순서에 맞게 따라 쓰세요.
(Напишите следующее в правильном порядке.)

피	아	노				
탬	버	린				
나	팔					
장	구					
소	고					

피아노 пианино

탬버린 бубен

나팔 труба

장구 чангу

소고 сого

악기 [Музыкальные инструменты]

월 일

■ 다음을 쓰는 순서에 맞게 따라 쓰세요.
(Напишите следующее в правильном порядке.)

피	리			
실	로	폰		
바	이	올	린	
쨍	과	리		
가	야	금		

피리 дудка

실로폰 ксилофон

바이올린 скрипка

쨍과리 гвэнггвари

가야금 каягым

16 옷 [Одежда]

월 일

■ 다음을 쓰는 순서에 맞게 따라 쓰세요.
(Напишите следующее в правильном порядке.)

티	셔	츠				
바	지					
점	퍼					
정	장					
와	이	셔	츠			

티셔츠 футболка

바지 штаны

점퍼 куртка

정장 костюм

와이셔츠 рубашка

16

옷 [Одежда]

월   일

■ 다음을 쓰는 순서에 맞게 따라 쓰세요.
(Напишите следующее в правильном порядке.)

반	바	지				
코	트					
교	복					
블	라	우	스			
청	바	지				

반바지 шорты

코트 пальто

교복
школьная форма

블라우스 блузка

청바지 джинсы

16 옷 [Одежда]

■ 다음을 쓰는 순서에 맞게 따라 쓰세요.
 (Напишите следующее в правильном порядке.)

양	복				
작	업	복			
스	웨	터			
치	마				
한	복				

양복
деловой костюм

작업복
рабочая одежда

스웨터 свитер

치마 юбка

한복 ханбок

17 색깔 [Цвета]

월 일

■ 다음을 쓰는 순서에 맞게 따라 쓰세요.
(Напишите следующее в правильном порядке.)

빨	간	색				
주	황	색				
초	록	색				
노	란	색				
파	란	색				

빨간색 красный

주황색 оранжевый

초록색 зеленый

노란색 желтый

파란색 синий

17 색깔 [Цвета]

월   일

■ 다음을 쓰는 순서에 맞게 따라 쓰세요.
(Напишите следующее в правильном порядке.)

보	라	색				
분	홍	색				
하	늘	색				
갈	색					
검	은	색				

보라색 фиолетовый

분홍색 розовый

하늘색 голубой

갈색 коричневый

검은색 чёрный

18 취미 [Хобби]

월 일

■ 다음을 쓰는 순서에 맞게 따라 쓰세요.
(Напишите следующее в правильном порядке.)

요 리					

요리 готовка

노 래					

노래 пение

등 산					

등산
поход в горы

영 화 감 상					

영화감상 просмотр фильмов

낚 시					

낚시 рыбалка

114 • 러시아어를 사용하는 국민을 위한 기초 한글 배우기
Изучение базового хангыля для русскоязычных людей

취미 [Хобби]

월 일

■ 다음을 쓰는 순서에 맞게 따라 쓰세요.
(Напишите следующее в правильном порядке.)

음악감상 прослуш
ивание музыки

음	악	감	상			

게임 игры

게	임					

드라이브 вождени
е автомобиля

드	라	이	브			

여행 путешествия

여	행					

독서 чтение

독	서					

취미 [Хобби]

월   일

■ 다음을 쓰는 순서에 맞게 따라 쓰세요.
(Напишите следующее в правильном порядке.)

쇼	핑				
운	동				
수	영				
사	진	촬	영		
악	기	연	주		

쇼핑 шоппинг

운동 спорт

수영 плавание

사진촬영
фотографии

악기연주 игра на
музыкальных инс
трументах

19 운동 [Спорт]

월 일

■ 다음을 쓰는 순서에 맞게 따라 쓰세요.
(Напишите следующее в правильном порядке.)

야	구					

야구 бейсбол

배	구					

배구 волейбол

축	구					

축구 футбол

탁	구					

탁구 настольный теннис

농	구					

농구 баскетбол

 **19**

운동 [Спорт]

월   일

■ 다음을 쓰는 순서에 맞게 따라 쓰세요.
(Напишите следующее в правильном порядке.)

골 프					
스 키					
수 영					
권 투					
씨 름					

골프 гольф

스키
катание на лыжах

수영 плавание

권투 бокс

씨름 корейская нац
иональная борьба

운동 [Спорт]

월   일

■ 다음을 쓰는 순서에 맞게 따라 쓰세요.
(Напишите следующее в правильном порядке.)

테	니	스			

테니스 теннис

레	슬	링			

레슬링 реслинг

태	권	도			

태권도 тхэквондо

배	드	민	턴		

배드민턴 бадминтон

스	케	이	트		

스케이트 конькоб ежный спорт

■ 다음을 쓰는 순서에 맞게 따라 쓰세요.
(Напишите следующее в правильном порядке.)

가	다				
오	다				
먹	다				
사	다				
읽	다				

가다 идти

오다 прийти

먹다 есть

사다 покупать

읽다 читать

움직임 말(1)
[Действия и движения (1)]

월 일

■ 다음을 쓰는 순서에 맞게 따라 쓰세요.
(Напишите следующее в правильном порядке.)

씻	다				
자	다				
보	다				
일	하	다			
만	나	다			

씻다 мыть

자다 спать

보다 смотреть

일하다 работать

만나다 встречать

20 움직임 말(1)
[Действия и движения (1)]

월   일

■ 다음을 쓰는 순서에 맞게 따라 쓰세요.
(Напишите следующее в правильном порядке.)

마	시	다			

마시다 пить

빨	래	하	다		

빨래하다 стирать

청	소	하	다		

청소하다 убирать

요	리	하	다		

요리하다 готовить

공	부	하	다		

공부하다 учиться

21 움직임 말(2)
[Действия и движения (2)]

■ 다음을 쓰는 순서에 맞게 따라 쓰세요.

(Напишите следующее в правильном порядке.)

공	을		차	다		
이	를		닦	다		
목	욕	을		하	다	
세	수	를		하	다	
등	산	을		하	다	

공을 차다
гонять мяч

이를 닦다
чистить зубы

목욕을 하다
принять ванну

세수를 하다
умываться

등산을 하다
идти в горы

21 움직임 말(2)
[Действия и движения (2)]

월   일

■ 다음을 쓰는 순서에 맞게 따라 쓰세요.
(Напишите следующее в правильном порядке.)

머	리	를		감	다	

머리를 감다
мыть голову

영	화	를		보	다	

영화를 보다
смотреть фильм

공	원	에		가	다	

공원에 가다
идти в парк

여	행	을		하	다	

여행을 하다
путешествовать

산	책	을		하	다	

산책을 하다
гулять

21 움직임 말(2)
[Действия и движения (2)]

월 　 일

■ 다음을 쓰는 순서에 맞게 따라 쓰세요.

(Напишите следующее в правильном порядке.)

수영을 하다
плавать

수	영	을		하	다	

쇼핑을 하다
шоппинг

쇼	핑	을		하	다	

사진을 찍다
фотографировать

사	진	을		찍	다	

샤워를 하다
принимать душ

샤	워	를		하	다	

이야기를 하다
разговаривать

이	야	기	를		하	다

22 움직임 말(3)
[Действия и движения (3)]

월   일

■ 다음을 쓰는 순서에 맞게 따라 쓰세요.
(Напишите следующее в правильном порядке.)

놀	다				
자	다				
쉬	다				
쓰	다				
듣	다				

놀다 играть

자다 спать

쉬다 отдыхать

쓰다 писать

듣다 слушать

22 움직임 말(3)
[Действия и движения (3)]

월 일

■ 다음을 쓰는 순서에 맞게 따라 쓰세요.
  (Напишите следующее в правильном порядке.)

닫 다							
켜 다							
서 다							
앉 다							
끄 다							

닫다 закрывать

켜다 включить

서다 стоять

앉다 сидеть

끄다 выключать

22 움직임 말(3)
[Действия и движения (3)]

월   일

■ 다음을 쓰는 순서에 맞게 따라 쓰세요.
(Напишите следующее в правильном порядке.)

열 다					

열다 открывать

나 오 다					

나오다 выходить

배 우 다					

배우다 учить

들 어 가 다					

들어가다
заходить

가 르 치 다					

가르치다 обучать

22 움직임 말(3)
[Действия и движения (3)]

■ 다음을 쓰는 순서에 맞게 따라 쓰세요.
(Напишите следующее в правильном порядке.)

부	르	다			
달	리	다			
기	다				
날	다				
긁	다				

부르다 звать

달리다 бегать

기다 ползать

날다 летать

긁다 царапать

22 움직임 말(3)
[Действия и движения (3)]

월   일

■ 다음을 쓰는 순서에 맞게 따라 쓰세요.
(Напишите следующее в правильном порядке.)

찍	다					
벌	리	다				
키	우	다				
갈	다					
닦	다					

찍다
фотографировать

벌리다 расширять

키우다 расти

갈다 менять

닦다 вытирать

(23) # 세는 말(단위)
[Счётные слова (единица)]

월   일

■ 다음을 쓰는 순서에 맞게 따라 쓰세요.
(Напишите следующее в правильном порядке.)

개 штук

개						

대 единица

대						

척 кораблей

척						

송이
гроздь(цветок)

송이						

그루 деревьев

그루						

■ 다음을 쓰는 순서에 맞게 따라 쓰세요.
(Напишите следующее в правильном порядке.)

상	자					
봉	지					
장						
병						
자	루					

상자 коробок

봉지 пакет

장 листов

병 бутылок

자루
штук (рукоятка)

월   일

■ 다음을 쓰는 순서에 맞게 따라 쓰세요.
(Напишите следующее в правильном порядке.)

벌							
켤	레						
권							
마	리						
잔							

벌 пар (одежда)

켤레 пар (обувь)

권 книг

마리 животных

잔 стаканов

월   일

■ 다음을 쓰는 순서에 맞게 따라 쓰세요.
  (Напишите следующее в правильном порядке.)

채					
명					
통					
가 마					
첩					

채 домов

명 человек

통 бочек

가마 мешков

첩 упаковок

꾸미는 말(1)
[Обозначающие слова (1)]

월　일

■ 다음을 쓰는 순서에 맞게 따라 쓰세요.
(Напишите следующее в правильном порядке.)

많 다					
적 다					
크 다					
작 다					
비 싸 다					

많다 много

적다 мало

크다 большой

작다 маленький

비싸다 дорогой

24 꾸미는 말(1)
[Обозначающие слова (1)]

월   일

■ 다음을 쓰는 순서에 맞게 따라 쓰세요.
　(Напишите следующее в правильном порядке.)

싸	다				
길	다				
짧	다				
빠	르	다			
느	리	다			

싸다 дешевый

길다 длинный

짧다 короткий

빠르다 быстрый

느리다 медленный

24 꾸미는 말(1)
[Обозначающие слова (1)]

월 일

■ 다음을 쓰는 순서에 맞게 따라 쓰세요.

(Напишите следующее в правильном порядке.)

굵다						
가늘다						
밝다						
어둡다						
좋다						

굵다 толстый

가늘다 тонкий

밝다 яркий

어둡다 темный

좋다 хороший

25 꾸미는 말(2)
[Обозначающие слова (2)]

월 일

■ 다음을 쓰는 순서에 맞게 따라 쓰세요.
(Напишите следующее в правильном порядке.)

맵	다				
시	다				
가	볍	다			
좁	다				
따	뜻	하	다		

맵다 острый

시다 кислый

가볍다 легкий

좁다 узкий

따뜻하다 теплый

㉕ 꾸미는 말(2)
[Обозначающие слова (2)]

월 일

■ 다음을 쓰는 순서에 맞게 따라 쓰세요.
(Напишите следующее в правильном порядке.)

짜	다				
쓰	다				
무	겹	다			
깊	다				
차	갑	다			

짜다 соленый

쓰다 горький

무겁다 тяжелый

깊다 глубокий

차갑다 холодный

월   일

■ 다음을 쓰는 순서에 맞게 따라 쓰세요.
(Напишите следующее в правильном порядке.)

달	다				
싱	겁	다			
넓	다				
얕	다				
귀	엽	다			

달다 сладкий

싱겁다 недосоленный

넓다 широкий

얕다 мелкий

귀엽다 милый

26 기분을 나타내는 말

[Чувства]

월 일

■ 다음을 쓰는 순서에 맞게 따라 쓰세요.
(Напишите следующее в правильном порядке.)

기	쁘	다			
슬	프	다			
화	나	다			
놀	라	다			
곤	란	하	다		

기쁘다
счастливый

슬프다 грустный

화나다 злой

놀라다
удивленный

곤란하다
тяжёлый

■ 다음을 쓰는 순서에 맞게 따라 쓰세요.
(Напишите следующее в правильном порядке.)

궁	금	하	다			
지	루	하	다			
부	끄	럽	다			
피	곤	하	다			
신	나	다				

궁금하다
любопытно

지루하다 скучно

부끄럽다
смущенный

피곤하다 уставший

신나다
взволнованный

(27)

높임말 [Вежливая речь]

월 일

■ 다음을 쓰는 순서에 맞게 따라 쓰세요.
  (Напишите следующее в правильном порядке.)

집 дом → **댁** дом

집							
댁							

밥 рис → **진지** рис

밥							
진	지						

병 болезнь →
병환 болезнь

병							
병	환						

말 речь → **말씀** речь

말							
말	씀						

나이 возраст →
연세 возраст

나	이						
연	세						

27

높임말 [Вежливая речь]

월   일

■ 다음을 쓰는 순서에 맞게 따라 쓰세요.
  (Напишите следующее в правильном порядке.)

생일 день рождения →
생신 день рождения

있다 есть →
계시다 есть

먹다 есть→
드시다 есть

자다 спать →
주무시다 спать

주다 давать →
드리다 давать

생	일				
생	신				
있	다				
계	시	다			
먹	다				
드	시	다			
자	다				
주	무	시	다		
주	다				
드	리	다			

144 ● 러시아어를 사용하는 국민을 위한 기초 한글 배우기
Изучение базового хангыля для русскоязычных людей

28 소리가 같은 말(1)

[Одинаковые слова с разным значением (1)]

월 일

■ 다음을 쓰는 순서에 맞게 따라 쓰세요.
(Напишите следующее в правильном порядке.)

눈					

눈 глаз (단음)　　눈 снег (장음)

발					

발 ступня (단음)　　발 штора (장음)

밤					

밤 ночь (단음)　　밤 каштан (장음)

차					

차 автомобиль (단음)　　차 чай (단음)

비					

비 дождь (단음)　　비 метла (단음)

28 소리가 같은 말(1)

[Одинаковые слова с разным значением (1)]

월   일

■ 다음을 쓰는 순서에 맞게 따라 쓰세요.

(Напишите следующее в правильном порядке.)

말				
벌				
상				
굴				
배				

말 лошадь (단음)   말 речь (장음)

벌 наказание (단음)   벌 пчела (장음)

상 стол (단음)   상 награда (단음)

굴 устрица (단음)   굴 пещера (장음)

배 корабль (단음)   배 живот (단음)

월 일

■ 다음을 쓰는 순서에 맞게 따라 쓰세요.
(Напишите следующее в правильном порядке.)

다리 мост (단음)   다리 нога (단음)

새끼 детёныш (단음)   새끼 веревка (단음)

돌 камень (장음)   돌 1-й день рождения ребенка (단음)

병 болезнь (장음)   병 бутылка (단음)

바람 ветер (단음)   바람 желание (단음)

다	리			
새	끼			
돌				
병				
바	람			

29 소리가 같은 말(2)

[Одинаковые слова с разным значением (2)]

월   일

■ 다음을 쓰는 순서에 맞게 따라 쓰세요.
(Напишите следующее в правильном порядке.)

깨	다				
묻	다				
싸	다				
세	다				
차	다				

깨다
просыпаться (장음)

깨다
разбить (단음)

묻다
закапывать (단음)

묻다
спрашивать (장음)

싸다
дешевый (단음)

싸다 справлять
нужду (단음)

세다 считать (장음) **세다** сильный (장음)

차다
холодный (단음)

차다 полный (단음)

29 # 소리가 같은 말(2)

[Одинаковые слова с разным значением (2)]

월   일

■ 다음을 쓰는 순서에 맞게 따라 쓰세요.

(Напишите следующее в правильном порядке.)

RIGHT

맞다 верно (단음)

맞다 быть побитым (단음)

맡다 принимать (단음)

맡다 нюхать (단음)

쓰다 писать (단음)

쓰다 горький (단음)

맞다

맡다

쓰다

30 소리를 흉내 내는 말

[Слова, имитирующие звуки]

월   일

■ 다음을 쓰는 순서에 맞게 따라 쓰세요.
(Напишите следующее в правильном порядке.)

어	흥				

어흥

꿀	꿀				

꿀꿀

야	옹				

야옹

꼬	꼬	댁			

꼬꼬댁

꽥	꽥				

꽥꽥

150 ● 러시아어를 사용하는 국민을 위한 기초 한글 배우기
Изучение базового хангыля для русскоязычных людей

30 소리를 흉내 내는 말

[Слова, имитирующие звуки]

월   일

■ 다음을 쓰는 순서에 맞게 따라 쓰세요.

(Напишите следующее в правильном порядке.)

붕						
매앰						
부르릉						
딩동						
빠빠						

붕

매앰

부르릉

딩동

빠빠

부록　Appendix

■ 안녕하세요! K-한글(www.k-hangul.kr)입니다.
'외국인을 위한 기초 한글 배우기' 1호 기초 편에서 다루지 못한 내용을 부록 편에
다음과 같이 **40가지 주제별로** 수록하니, 많은 이용 바랍니다.

번호	주제	번호	주제	번호	주제
1	**숫자**(50개) Number(s)	16	**인칭 대명사**(14개) Personal pronouns	31	**물건 사기**(30개) Buying Goods
2	**연도**(15개) Year(s)	17	**지시 대명사**(10개) Demonstrative pronouns	32	**전화하기**(21개) Making a phone call
3	**월**(12개) Month(s)	18	**의문 대명사**(10개) Interrogative pronouns	33	**인터넷**(20개) Words related to the Internet
4	**일**(31개) Day(s)	19	**가족**(24개) Words related to Family	34	**건강**(35개) Words related to health
5	**요일**(10개) Day of a week	20	**국적**(20개) Countries	35	**학교**(51개) Words related to school
6	**년**(20개) Year(s)	21	**인사**(5개) Phrases related to greetings	36	**취미**(28개) Words related to hobby
7	**개월**(12개) Month(s)	22	**작별**(5개) Phrases related to bidding farewell	37	**여행**(35개) Travel
8	**일(간), 주일(간)**(16개) Counting Days	23	**감사**(3개) Phrases related to expressing gratitude	38	**날씨**(27개) Weather
9	**시**(20개) Units of Time(hours)	24	**사과**(7개) Phrases related to making an apology	39	**은행**(25개) Words related to bank
10	**분**(16개) Units of Time(minutes)	25	**요구, 부탁**(5개) Phrases related to asking a favor	40	**우체국**(14개) Words related to post office
11	**시간**(10개) Hour(s)	26	**명령, 지시**(5개) Phrases related to giving instructions		
12	**시간사**(25개) Words related to Time	27	**칭찬, 감탄**(7개) Phrases related to compliment and admiration		
13	**계절**(4개) seasons	28	**환영, 축하, 기원**(10개) Phrases related to welcoming, congratulating and blessing		
14	**방위사**(14개) Words related to directions	29	**식당**(30개) Words related to Restaurant		
15	**양사**(25개) quantifier	30	**교통**(42개) Words related to transportation		

MP3	주제	단어
	1. 숫자	1, 2, 3, 4, 5, / 6, 7, 8, 9, 10, / 11, 12, 13, 14, 15, / 16, 17, 18, 19, 20, / 21, 22, 23, 24, 25, / 26, 27, 28, 29, 30, / 31, 40, 50, 60, 70, / 80, 90, 100, 101, 102, / 110, 120, 130, 150, 천, / 만, 십만, 백만, 천만, 억
	2. 연도	1999년, 2000년, 2005년, 2010년, 2015년, / 2020년, 2023년, 2024년, 2025년, 2026년, / 2030년, 2035년, 2040년, 2045년, 2050년
	3. 월	1월, 2월, 3월, 4월, 5월, / 6월, 7월, 8월, 9월, 10월, / 11월, 12월
	4. 일	1일, 2일, 3일, 4일, 5일, / 6일, 7일, 8일, 9일, 10일, / 11일, 12일, 13일, 14일, 15일, / 16일, 17일, 18일, 19일, 20일, / 21일, 22일, 23일, 24일, 25일, / 26일, 27일, 28일, 29일, 30일, / 31일
	5. 요일	월요일, 화요일, 수요일, 목요일, 금요일, / 토요일, 일요일, 공휴일, 식목일, 현충일
	6. 년	1년, 2년, 3년, 4년, 5년, / 6년, 7년, 8년, 9년, 10년, / 15년, 20년, 30년, 40년, 50년, / 100년, 200년, 500년, 1000년, 2000년
	7. 개월	1개월(한 달), 2개월(두 달), 3개월(석 달), 4개월(네 달), 5개월(다섯 달), / 6개월(여섯 달), 7개월(일곱 달), 8개월(여덟 달), 9개월(아홉 달), 10개월(열 달), / 11개월(열한 달), 12개월(열두 달)
	8. 일(간), 주일(간)	하루(1일), 이틀(2일), 사흘(3일), 나흘(4일), 닷새(5일), / 엿새(6일), 이레(7일), 여드레(8일), 아흐레(9일), 열흘(10일), / 10일(간), 20일(간), 30일(간), 100일(간), 일주일(간), / 이 주일(간)
	9. 시	1시, 2시, 3시, 4시, 5시, / 6시, 7시, 8시, 9시, 10시, / 11시, 12시, 13시(오후 1시), 14시(오후 2시), 15시(오후 3시), / 18시(오후 6시), 20시(오후 8시), 22시(오후 10시), 24시(오후 12시)
	10. 분	1분, 2분, 3분, 4분, 5분, / 10분, 15분, 20분, 25분, 30분(반 시간), / 35분, 40분, 45분, 50분, 55분, / 60분(1시간)

MP3	주제	단어
	11. 시간	**반 시간**(30분), **1시간, 1시간 반**(1시간 30분), **2시간, 3시간,** / **4시간, 5시간, 10시간, 12시간, 24시간**
	12.시간사	**오전, 정오, 오후, 아침, 점심,** / **저녁, 지난주, 이번 주, 다음 주, 지난달,** / **이번 달, 다음날, 재작년, 작년, 올해,** / **내년, 내후년, 그저께**(이틀 전날), **엊그제**(바로 며칠 전), **어제**(오늘의 하루 전날), / **오늘, 내일**(1일 후), **모레**(2일 후), **글피**(3일 후), **그글피**(4일 후)
	13. 계절	**봄**(春), **여름**(夏), **가을**(秋), **겨울**(冬)
	14.방위사	**동쪽, 서쪽, 남쪽, 북쪽, 앞쪽,** / **뒤쪽, 위쪽, 아래쪽, 안쪽, 바깥쪽,** / **오른쪽, 왼쪽, 옆, 중간**
	15. 양사	**개**(사용 범위가 가장 넓은 개체 양사), **장**(평면이 있는 사물), **척**(배를 세는 단위), **마리**(날짐승이나 길짐승), **자루,** / **다발**(손에 쥘 수 있는 물건), **권**(서적 류), **개**(물건을 세는 단위), **갈래, 줄기**(가늘고 긴 모양의 사물이나 굽은 사물), / **건**(사건), **벌**(의복), **쌍, 짝, 켤레,** / **병, 조각**(덩어리, 모양의 물건), **원**(화폐), **대**(각종 차량), **대**(기계, 설비 등), / **근**(무게의 단위), **킬로그램**(힘의 크기, 무게를 나타내는 단위), **번**(일의 차례나 일의 횟수를 세는 단위), **차례**(단순히 반복적으로 발생하는 동작), **식사**(끼)
	16. 인칭 대명사	인칭 대명사 : 사람의 이름을 대신하여 나타내는 대명사. **나, 너, 저, 당신, 우리,** / **저희, 여러분, 너희, 그, 그이,** / **저분, 이분, 그녀, 그들**
	17. 지시 대명사	지시 대명사 : 사물이나 장소의 이름을 대신하여 나타내는 대명사. **이것, 이곳, 저것, 저곳, 저기,** / **그것**(사물이나 대상을 가리킴), **여기, 무엇**(사물의 이름), **거기**(가까운 곳, 이미 이야기한 곳), **어디**(장소의 이름)
	18. 의문 대명사	의문 대명사 : 물음의 대상을 나타내는 대명사. **누구**(사람의 정체), **몇**(수효), **어느**(둘 이상의 것 가운데 대상이 되는 것), **어디**(처소나 방향), **무엇**(사물의 정체), / **언제, 얼마, 어떻게**(어떤 방법, 방식, 모양, 형편, 이유), **어떤가?, 왜**(무슨 까닭으로, 어떤 사실에 대하여 확인을 요구할 때)
	19. 가족	**할아버지, 할머니, 아버지, 어머니, 남편,** / **아내, 딸, 아들, 손녀, 손자,** / **형제자매, 형, 오빠, 언니, 누나,** / **여동생, 남동생, 이모, 이모부, 고모,** / **고모부, 사촌, 삼촌, 숙모**
	20. 국적	**국가, 나라, 한국, 중국, 대만,** / **일본, 미국, 영국, 캐나다, 인도네시아,** / **독일, 러시아, 이탈리아, 프랑스, 인도,** / **태국, 베트남, 캄보디아, 몽골, 라오스**

MP3	주제	단어
	21. 인사	안녕하세요!, 안녕하셨어요?, 건강은 어떠세요?, 그에게 안부 전해주세요, 굿모닝!
	22. 작별	건강하세요, 행복하세요, 안녕(서로 만나거나 헤어질 때), 내일 보자, 다음에 보자.
	23. 감사	고마워, 감사합니다, 도와주셔서 감사드립니다.
	24. 사과	미안합니다, 괜찮아요!, 죄송합니다, 정말 죄송합니다, 모두 다 제 잘못입니다, / 오래 기다리셨습니다, 유감이네요.
	25. 요구, 부탁	잠시 기다리세요, 저 좀 도와주세요, 좀 빨리해 주세요, 문 좀 닫아주세요, 술 좀 적게 드세요.
	26. 명령, 지시	일어서라!, 들어오시게, 늦지 말아라, 수업 시간에는 말하지 마라, 금연입니다.
	27. 칭찬, 감탄	정말 잘됐다!, 정말 좋다, 정말 대단하다, 진짜 잘한다!, 정말 멋져!, / 솜씨가 보통이 아니네!, 영어를 잘하는군요. ※감탄사의 종류(감정이나 태도를 나타내는 단어) : 아하, 헉, 우와, 아이고, 아차, 앗, 어머, 저런, 여보, 야, 아니요, 네, 예, 그래, 얘 등
	28. 환영,축하, 기원	환영합니다!, 또 오세요, 생일 축하해!, 대입 합격 축하해!, 축하드려요, / 부자 되세요, 행운이 깃드시길 바랍니다, 만사형통하시길 바랍니다, 건강하세요, 새해 복 많이 받으세요!
	29. 식당	음식, 야채, 먹다, 식사 도구, 메뉴판, / 세트 요리, 종업원, 주문하다, 요리를 내오다, 중국요리, / 맛, 달다, 담백하다, 맵다, 새콤달콤하다, / 신선하다, 국, 탕, 냅킨, 컵, / 제일 잘하는 요리, 계산, 잔돈, 포장하다, 치우다, / 건배, 맥주, 술집, 와인, 술에 취하다.
	30. 교통	말씀 좀 묻겠습니다, 길을 묻다, 길을 잃다, 길을 건너가다, 지도, / 부근, 사거리, 갈아타다, 노선, 버스, / 몇 번 버스, 정거장, 줄을 서다, 승차하다, 승객, / 차비, 지하철, 환승하다, 1호선, 좌석, / 출구, 택시, 택시를 타다, 차가 막히다, 차를 세우다, / 우회전, 좌회전, 유턴하다, 기차, 기차표, / 일반 침대석, 일등 침대석, 비행기, 공항, 여권, / 주민등록증, 연착하다, 이륙, 비자, 항공사, / 안전벨트, 현지시간

MP3	주제	단어
	31. 물건 사기	손님, 서비스, 가격, 가격 흥정, 노점, / 돈을 내다, 물건, 바겐세일, 싸다, 비싸다, / 사이즈, 슈퍼마켓, 얼마예요?, 주세요, 적당하다, / 점원, 품질, 백화점, 상표, 유명 브랜드, / 선물, 영수증, 할인, 반품하다, 구매, / 사은품, 카드 결제하다, 유행, 탈의실, 계산대
	32. 전화하기	여보세요, 걸다, (다이얼을)누르다, OO 있나요?, 잘못 걸다, / 공중전화, 휴대전화 번호, 무료 전화, 국제전화, 국가번호, / 지역번호, 보내다, 문자 메시지, 시외전화, 전화받다, / 전화번호, 전화카드, 통화 중, 통화 요금, 휴대전화, / 스마트폰
	33. 인터넷	인터넷, 인터넷에 접속하다, 온라인게임, 와이파이, 전송하다, / 데이터, 동영상, 아이디, 비밀번호, 이메일, / 노트북, 검색하다, 웹사이트, 홈페이지 주소, 인터넷 쇼핑, / 업로드, 다운로드, pc방, 바이러스, 블로그
	34. 건강	병원, 의사, 간호사, 진찰하다, 수술, / 아프다, 환자, 입원, 퇴원, 기침하다, / 열나다, 체온, 설사가 나다, 콧물이 나다, 목이 아프다, / 염증을 일으키다, 건강, 금연하다, 약국, 처방전, / 비타민, 복용하다, 감기, 감기약, 마스크, / 비염, 고혈압, 골절, 두통, 알레르기, 암, 전염병, 정신병, 혈액형, 주사 놓다
	35. 학교	초등학교, 중학교, 고등학교, 중·고등학교, 대학교, / 교실, 식당, 운동장, 기숙사, 도서관, / 교무실, 학생, 초등학생, 중학생, 고등학생, / 대학생, 유학생, 졸업생, 선생님, 교사, / 교장, 교수, 국어, 수학, 영어, / 과학, 음악, 미술, 체육, 입학하다, / 졸업하다, 학년, 전공, 공부하다, 수업을 시작하다, / 수업을 마치다, 출석을 부르다, 지각하다, 예습하다, 복습하다, / 숙제를 하다, 시험을 치다, 합격하다, 중간고사, 기말고사, / 여름방학, 겨울방학, 성적, 교과서, 칠판, / 분필
	36. 취미	축구 마니아, ㅇㅇ마니아, 여가 시간, 좋아하다, 독서, / 음악 감상, 영화 감상, 텔레비전 시청, 연극 관람, 우표 수집, / 등산, 바둑, 노래 부르기, 춤추기, 여행하기, / 게임하기, 요리, 운동, 야구(하다), 농구(하다), / 축구(하다), 볼링(치다), 배드민턴(치다), 탁구(치다), 스키(타다), / 수영(하다), 스케이팅, 태권도
	37. 여행	여행(하다), 유람(하다), 가이드, 투어, 여행사, / 관광명소, 관광특구, 명승지, 기념품, 무료, / 유료, 할인티켓, 고궁, 경복궁, 남산, / 한국민속촌, 호텔, 여관, 체크인, 체크아웃, / 빈 방, 보증금, 숙박비, 호실, 팁, / 싱글룸, 트윈룸, 스탠더드룸, 1박하다, 카드 키, / 로비, 룸서비스, 식당, 뷔페, 프런트 데스크
	38. 날씨	일기예보, 기온, 최고기온, 최저기온, 온도, / 영상, 영하, 덥다, 따뜻하다, 시원하다, / 춥다, 흐린 날씨, 맑은 날, 비가 오다, 눈이 내리다, / 건조하다, 습하다, 가랑비, 구름이 많이 끼다, 보슬비, / 천둥치다, 번개, 태풍, 폭우, 폭설, / 황사, 장마
	39. 은행	예금하다, 인출하다, 환전하다, 송금하다, 예금주, / 예금통장, 계좌, 계좌번호, 원금, 이자, / 잔여금액, 비밀번호, 현금카드, 현금 인출기, 수수료, / 현금, 한국 화폐, 미국 달러, 외국 화폐, 환율, / 환전소, 신용카드, 대출, 인터넷뱅킹, 폰뱅킹

MP3	주제	단어
	40. 우체국	편지, 편지봉투, 소포, 부치다, 보내는 사람, / 받는 사람, 우편물, 우편번호, 우편요금, 우체통, / 우표, 주소, 항공우편, EMS

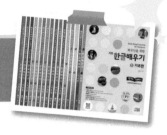

1. 영어로 한글배우기
Learning Korean in English

2. 베트남어로 한글배우기
Học tiếng Hàn bằng tiếng Việt

3. 몽골어로 한글배우기
Монгол хэл дээр солонгос
цагаан толгой сурах

4. 일본어로 한글배우기
日本語でハングルを学ぼう

5. 스페인어로 한글배우기(유럽연합)
APRENDER COREANO EN
ESPAÑOL

6. 프랑스어로 한글배우기
Apprendre le coréen en
français

7. 러시아어로 한글배우기
Изучение хангыля
на русском языке

8. 중국어로 한글배우기
用中文学习韩文

9. 독일어로 한글배우기
Koreanisch lernen auf Deutsch

'K-한글'의 세계화 www.k-hangul.kr

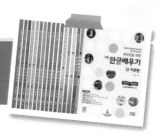

10. 태국어로 한글배우기
เรียนฮันกึลด้วยภาษาไทย

11. 힌디어로 한글배우기
हिंदी में हंगेउल सीखना

12. 아랍어로 한글배우기
تعلم اللغة الكورية بالعربية

13. 페르시아어로 한글배우기
یادگیری کره‌ای از طریق فارسی

14. 튀르키예어로 한글배우기
Hangıl'ı **Türkçe** Öğrenme

15. 포르투칼어로 한글배우기
Aprendendo Coreano em
Português

16. 스페인어로 한글배우기(남미)
Aprendizaje de coreano en
español

러시아어를 사용하는 국민을 위한 기초 한글 배우기

한글배우기 ❶ 기초편

2025년 1월 10일 초판 1쇄 발행

발행인 | 배영순
저자 | 권용선(權容璿), Автор: Квон Ёнг Сон
펴낸곳 | 홍익교육, Опубликовано: Hongik Education, Республика Корея
기획·편집 | 아이한글 연구소
출판등록 | 2010-10호
주소 | 경기도 광명시 광명동 747-19 리츠팰리스 비동 504호
전화 | 02-2060-4011
홈페이지 | www.k-hangul.kr
E-mail | kwonys15@naver.com
정가 | 14,000원
ISBN 979-11-88505-52-4 / 13710